AF576283

TURRIS BABEL

Collection ***Les Introuvables***
dirigée par Thierry Paquot et Jean-Philippe Bouilloud

ABOUT E., *Maître Pierre*, 1997.
AGUETTANT L., *Verlaine*, 1995.
ANDREAE Johann Valentin, *Les noces chymiques de Rosecroix Chrétien*, 1998.
BABEAU A., *La ville sous l'ancien régime*, tome I et II, 1997.
DE BALZAC, *Contes bruns*, 1996.
DE BANVILLE T., *Camées parisiens*, 1994.
BERGERAT E., *Souvenirs d'un enfant de Paris*, 1994.
BERGERAT E., *Théophile Gautier- Entretiens, souvenirs et correspondance*, 1996.
BERNHARDT S., *L'art du théâtre*, 1993.
BROUSSON J.-J., *Anatole France en pantoufles*, 1994.
CHAILLEY J., *Expliquer l'harmonie ?*, 1996.
CLER A., *Physiologie du musicien, (av.-propos de J-Ph. Bouilloud)* 1996.
COPPEE F., *Souvenirs d'un Parisien*, 1993.
DAUDET A., *Pages inédites de critique dramatique, 1874-1880*, 1993.
DAUDET A., *Fromont Jeune et Risler Aîné*, 1995.
DE FOUCAULD Ch., *Reconnaissance au Maroc*, 1998.
DU CAMP M., *Souvenirs littéraires. Tome I : 1822-1850; Tome II : 1850-1880*, 1993.FRANCE A., *Le Parti noir. L'affaire Dreyfus, la loi Falloux, la loi Combes*, 1994.
DUPONT P., *Histoire de l'imprimerie*, 2 tomes, 1998.
GAUTIER T., *Histoire du romantisme*, 1993.
GAUTIER J., *Le second rang du collier*, 1999.
GILQUIN Claude, *Hermétisme et Rose-Croix*, 1998.
GONCOURT Ed. & Jules, *Manette Salomon*, 1993.

ISBN : 2-7384-8071-3

Johann Valentin ANDREAE

TURRIS BABEL

Traduction de
Marie-Odile CASSIN

Introduction et notes de
Claude GILQUIN

L'Harmattan
5-7, rue de l'École Polytechnique
75005 Paris - FRANCE

L'Harmattan Inc.
55, rue Saint-Jacques
Montréal (Qc) - CANADA H2Y 1K9

de Johann Valentin ANDREÄ

Les Noces Chymiques de Rosecroix Chrétien
suivi de
Christianopolis
Theophilus

de Claude GILQUIN

Hermétisme et Rose-Croix
Suivi de
Fama fraternitatis
Confessio fraternitatis

L'Harmattan, Paris, 1998

d'après Albrecht Dürer, Portrait d'Erasmus

Nous exprimons nos sincères remerciements à JOMAK, pour la précieuse assistance qu'elle nous a amicalement accordée, sans laquelle cet ouvrage n'aurait pas vu le jour.

Introduction

Johann Valentin ANDREAE (1586-1654) a dix-neuf ans lorsqu'il rédige en 1605 son manuscrit des *Noces Chymiques : Christiani Rosenkreutz.* Sans doute est-il loin de se douter que cette œuvre vive, pleine d'imagination et de feu, mais de nature authentiquement théologique, va lui devoir au cours des siècles une réputation sulfureuse. Cette œuvre de jeunesse, qui contient déjà les thèmes de ce qui va devenir une œuvre abondante et rigoureuse, tout entière consacrée à la défense et à la propagation de sa foi, va le faire considérer comme l'auteur, ou le porte-parole, d'une curieuse Fraternité. En effet, il publie ses *Noces Chymiques* à Strasbourg, sans nom d'auteur, en 1616, c'est-à-dire deux ans après la parution anonyme à Cassel de la *Fama fraternitatis des löblichen Orden des Rosenkreutzes*, qui sera suivie de la *Confessio fraternitatis*, également anonyme, puis de la traduction en allemand d'un chapitre d'un texte italien du siècle précédent, non référencé. Seul le nom, *Rosenkreutz*, est commun à ces trois ouvrages ; encore n'apparaît-il que dans le titre du Manifeste et de la Profession de foi : les originaux de ces textes ne portent que les initiales R. C.

Ainsi y avait-il en présence trois textes auxquels était imputée la révélation de l'existence d'une société nouvelle : la *Fama*, la *Confessio*, les *Noces Chymiques de Rosecroix Chrétien.* Ces ouvrages sont considérés comme la «Bible» du Rosicrucianisme[230], mais c'est oublier un peu vite la *Réforme générale*, publiée dans la même reliure que la *Fama*, sôus le titre : *Allgemeine und general Reformation, der gantzen weiten Welt*, ainsi qu'un bref *Responsion*, réponse de Rosenkreutz à la Fraternité des Théosophes, l'ensemble paraissant à Cassel (Wilhelm Wessel, 1614) . Ce quatrième écrit fut d'abord attribué à ANDREÄ, puis considéré comme n'ayant aucun rapport avec le Rosicrucianisme, avant que l'on s'aperçoive, en 1782, qu'il s'agissait de la traduction d'un chapitre du *Ragguagli di Parnaso*, d'un satiriste italien, Trajano BOCCALINI, mort sur la roue en 1613 à cause de ses opinions : cette constatation ne peut que renforcer l'impression de canular donnée par certains aspects de la *Fama*.

Johann Valentin ANDREÄ reconnut être l'auteur des *Noces chymiques*, mais non des deux autres ouvrages. On ne pourrait que difficilement comprendre le choix de son héros éponyme si l'on ne savait qu'il était fils et petit-fils de pasteurs luthériens, et que son grand-père, Jakob, docteur en Théologie, Chancelier de l'Université de Tübingen, avait choisi pour armes de sa famille la rose et la croix, armes probablement inspirées de celles de LUTHER : une croix noire posée sur un cœur rouge, lui-même reposant sur une rose blanche, sur fond azur, entouré d'un anneau d'or. Ces armes symbolisent très clairement Christ à plusieurs niveaux : la croix du sacrifice, le coeur de son amour infini, la rose de la joie, de la consolation et de la paix qu'il apporte, le bleu du ciel et de la vie éternelle, le cercle d'or, alliance et témoin du plus grand des trésors. Jakob ANDREÄ avait choisi quatre roses rouges stylisées, placées entre les branches d'une croix de Saint-André. Le lecteur des Noces remarquera ici les quatre roses avec lesquelles Chrétien Rosecroix décore son chapeau, et que c'est ainsi, sous le signe de la croix, qu'il se vêtira pour se présenter aux noces auxquelles il fut invité, et qu'il décrit. A tous points de vue, il représente un fidèle de l'Eglise de Christ. Cette Eglise, d'ailleurs, il la définit dans son premier dialogue de *Theophilus*. Après avoir fustigé les Cathares, les Papistes, les Calvinistes, les Epicuriens, les Libertins, il définit son Eglise, manifestement luthérienne, comme une, sainte, catholique et apostolique, employant le mot « catholique » au sens de « chrétien », alors que ce mot est justement traduit par « universel », en ce que sa doctrine contient la totalité du dogme et est offerte à tous les hommes, et qu'il ne sera réservé à l'Eglise romaine que plus tardivement.

Ces *Noces* connurent un grand succès, et si elles furent traduites en anglais en 1690, elles ne le furent en français qu'en 1928. Et il fallut attendre 1973 et les très importants travaux consacrés par John Warwick MONTGOMERY au « Phénix des Théologiens »[1] pour connaître enfin une interprétation basée sur la vie et l'œuvre d'ANDREÄ, et non sur des doctrines qui lui sont étrangères. Ainsi cet ouvrage fut-il considéré comme un instrument de transmission de connaissances ésotériques, plus particulièrement alchimiques, et destiné à n'être compris que par des initiés.

L'auteur était soit ROSENKREUTZ, haut dignitaire de la Fraternité, et signant les textes officiels de ce nom, soit ANDREÄ, en tant qu'auteur initié, ou en tant que porte-parole de supérieurs inconnus, son trop jeune âge ne lui permettant pas d'avoir tant de connaissances. C'était oublier ce que furent son éducation, sa vie et son œuvre, et les travaux qui lui furent consacrés, qui interdisent maintenant ces manipulations doctrinales. L'origine du texte italien étant fermement établie, les seuls témoins de cette hypothétique Fraternité ne sont plus que la *Fama* et la *Confessio* qui, d'ailleurs, ne seraient plus les manifestes de la création de l'Ordre, mais ceux de la résurgence d'une société ancienne dont l'origine trouve ses racines en Egypte et, bien avant l'Egypte, à Atlantis.

Sa formation[2] est celle d'un jeune allemand du Württemberg, d'une famille de pasteurs luthériens de stricte observance, et dont l'éducation fut à la fois allemande et européenne, scientifique et spirituelle. Il voyagea en Europe de 1606 à 1614, visitant entre autres Strasbourg, Heidelberg, Genève, Paris, revenant par Zürich et Bâle avant de poursuivre par l'Autriche, Venise, Padoue et Rome, qu'il considérait comme *jadis la capitale du monde, maintenant la dépravée*, et de revenir à Tübingen par Augsburg. Il avait été particulièrement frappé par la ville de Genève, alors organisée sous le règne de la foi calviniste, et il fait peu de doute qu'elle inspira sa description d'une cité régie par la foi, *Christianopolis* [3]. Il s'agit bien d'une éducation européenne, même si ANDREÄ ne dépassa pas Paris, les communications étant plus étroites qu'on ne le pense habituellement de nos jours. Nul doute qu'ANDREÄ ait connu l'*Utopia* de Sir Thomas MORE (1477-1535) et certaines oeuvres de SHAKESPEARE (1564-1616). En effet, Thomas MORE avait participé en 1515 à Bruges à la révision d'un traité anglo-flamand de commerce, et avait publié à Louvain, en

Décembre 1516, en latin, *Utopia*, description d'une cité mythique dont le dénominateur commun est la croyance en un Dieu bon et juste qui dirige le monde et attribue récompenses et punitions ; c'est une cité catholique, et c'est en martyr de l'Eglise de Rome que mourut Thomas MORE. *Utopia* eut un succès et un impact précoces, dès sa parution, et ERASME présenta MORE comme modèle à la communauté européenne des lettres ; ainsi fut-il rapidement connu de Guillaume BUDÉ, qu'il rencontra en 1520, du germaniste parisien de BRIE, de l'humaniste allemand Ulrich von HUTTEN. Il avait attaqué LUTHER par sa *Réponse à Luther* de 1523, et critiqué les grands dogmes luthériens dans son *Epistola ad Pomeranum* de 1526, publié en 1568. Très clairement, la *Christianopolis* est l'équivalent luthérien de la cité catholique d'Utopie et de la cité calviniste réelle de Genève. D'ailleurs, dans son dialogue XVII de la *Turris Babel*, ANDREÄ cite ERASME, ami de Thomas MORE, qu'il avait rencontré en 1499, et qui avait été son hôte en 1505-1506. Et l'on ne peut manquer d'évoquer SHAKESPEARE quand dans le dialogue XXIII il réfute Spermologus, le Perroquet, qui se plaint ainsi : « *Quiconque dit que le Monde joue une pièce a tout à fait raison. Car dehors tout n'est que décor tragique et paroles pompeuses* », expression de *Machbeth* (1605) :

Life's but a walking shadow, a poor player,
That struts and frets his hour upon the stage,
And then is heard no more; it is a tale
Told by an idiot, full of sound and fury,
Signifying nothing.

(ACTE V, SCÈNE VI)

Son œuvre est abondante et exprimée sur plusieurs registres, sermons, dialogues, descriptions thématiques, traductions d'ouvrages de Théologie, vulgarisations destinées à des non-spécialistes ou à des enfants, elle n'est jamais œuvre vulgaire, mais toujours destinée à exposer sa foi en Christ et en Son Eglise. Il n'est ni un romancier ni un amuseur, ni même un philosophe, mais un lettré au fait de la science de son époque, ce qui inclut naturellement l'alchimie et PARACELSE, mais aussi l'astronome Johann KEPLER et le mathématicien SCHICKHARDT.

Décrivant l'Allemagne à la veille de la Guerre de Trente ans, C. V. WEDGWOOD [4] trace un sombre portrait des dirigeants qui ruinaient le bien-être de leurs sujets, et de la classe cultivée, pervertie dans la composition d'ouvrages calomnieux reçus dans la joie par un public dépourvu de discernement. Avec une administration malade et la désintégration de l'arrière-plan moral, la réputation intellectuelle de l'Allemagne et de son organisation sociale avait décliné, même si, ici et là, de grands hommes dominaient leurs contemporains, parmi lesquels WEDGWOOD cite le musicien saxon Heinrich SCHÜTZ, le poète silésien Martin OPITZ, l'architecte d'Augsburg Elias HOLL, et Johann Valentin ANDREÄ, le théologien du Württemberg.

Mais son œuvre est méconnue et déformée. Ainsi, la première traduction en français des *Noces Chymiques* est publiée en France pour la première fois en 1928, précédée et suivie des propos de AURIGER [5], manifestement un pseudonyme. Le commentateur voit *trois ouvrages dans le même texte, un conte allégorique, un traité sur l'Initiation des Frères de la Rose-Croix, un traité alchimique dont le sens est d'autant moins apparent qu'il est embrouillé dans les deux précédents, et ce sans doute volontairement.* Il poursuit : *On a prétendu que V. Andréae écrivit les « Noces Chymiques » sous l'anonymat à l'âge de seize ans, et qu'il en reconnut plus tard la paternité dans son Vita ab ipso conscripta ». Cela paraît fort improbable car il écrivait en tête de l'édition d'alors « Ne jetez pas de perles aux pourceaux ni de roses aux ânes ». Il serait pour le moins singulier, qu'un adolescent de seize ans fut ainsi familiarisé avec un adage courant parmi les vieux Maîtres de l'Hermétisme. Il s'étonne dans son autobiographie que des gens sérieux aient pu considérer comme une histoire vraie ce qu'il appelait un jeu. S'il n'y avait vraiment là qu'une satire spirituelle, pourquoi y mélanger des remarques très profondes, et des passages d'une haute philosophie ?* Pour AURIGER, l'auteur aurait recherché, sur le tard, *à égarer le lecteur sur l'importance de l'ouvrage où il avait très habilement condensé les suprêmes enseignements de son Ordre.* L'ouvrage devait constituer le bagage indispensable de connaissances hermétiques pour les adeptes devant recevoir la suprême initiation. Aussi la diffusion de cet ouvrage avait-elle été systématiquement empêchée. Dans le même ouvrage, pour l'éditeur et préfacier, CHACORNAC, l'existence de la Fraternité pouvait laisser quelques doutes, mais est maintenant prouvée, et un Initié, *jugeant V. Andréae apte à devenir le porte parole des Rosicruciens, lui donna les moyens de se faire reconnaître d'eux,..* et *il lui fut ordonné de rompre le silence qui jusque là enveloppait la Fraternité, et à participer à l'accomplissement du Magnus opus.* C'est malheureusement méconnaître qu'un étudiant en théologie de 19 ans, et non 16, devait bien connaître les Ecritures, et particulièrement MATTHIEU, VII, 6 : *Ne donnez pas aux chiens ce qui est sacré, ne jetez pas vos perles aux porcs, de peur qu'ils ne les piétinent et que, se retournant, ils ne vous déchirent.*

Un autre commentateur va s'étonner à la fois de ses critiques et de son silence : *Par ailleurs, l'ardeur avec laquelle Andrea, tout au long de son existence, par manifestes, par lettres, par la voix du serment, se défend d'être à l'origine du scandale, n'a pas manqué, avec raison, de surprendre de nombreux critiques. Se justifie-t-on tellement, lorsqu'on se sait innocent ? Il est curieux, également, que l'auteur, quand, dans un déchaînement de passions, la littérature rosicrucienne s'interroge désespérément sur le fondateur de la société, et sur les véritables intentions de ses organisateurs, se contente, avec sang-froid, d'observer le scandale, d'en mesurer l'ampleur, d'en dénoncer la sottise.* Pourtant, Johann Valentin ANDREÄ reconnut être l'auteur des *Noces*, mais nia toute relation avec la Fraternité. Serait-ce lâcheté ? Ce n'est pas connaître sa vie et le courage qu'il montra à Calw pendant la guerre de Trente Ans, et son engagement pastoral. Mais si ces deux ouvrages, *Christianopolis*, et *Theophilus*, sont disponibles en allemand, ils ne le sont en français que depuis 1998, chez l'HARMATTAN. Quant à celui qui fait l'objet de celui-ci, *Turris Babel*, rédigé en latin, il ne fut même pas traduit en allemand. Or en 1622, dans le premier dialogue de *Theophilus*, qui ne sera publié qu'en 1649, il considère le rôle de la Fraternité comme une plaisanterie, disant qu'il vaut beaucoup mieux rire de la crédulité des *morosophes* qui attachent foi à de telles sornettes, et il se défend d'avoir fait partie de cette troupe, précisant que son esprit est plus sain que ne le pense son interlocuteur.

Rejet bien tardif, pourrait-on penser ? C'est alors oublier la *Christianopolis de 1619*, et ce qu'il écrit dans son adresse au lecteur chrétien : *Un nouvel écrit théologique, digne d'attention, fut publié par une* Fraternité, *à mon avis une plaisanterie, considéré visiblement comme un témoignage. Il promettait d'abord ce qui correspond au goût pour les curiosités, pour les choses insolites et les plus grandes, et, sans doute, à ce que les hommes ont l'habitude de souhaiter, de trouver une remarquable espérance en la correction des choses, et y ajoutait l'imitation de Christ. Il est superflu de dire quelle agitation résulta de la* Nouvelle *de cette affaire pour les hommes, quel débat des esprits, quelles agitations et gesticulations des imposteurs et des obscurantistes.*

C'est oublier aussi cette *Turris Babel* qui porte l'objet de son attaque dans son titre même. Elle est composée d'une série de dialogues à trois personnages d'un rythme vif et concis, suivant à chaque fois le même scénario : deux interlocuteurs représentent deux croyances ou deux tempéraments opposés qui n'ont en commun que leur crédulité et leur émoi devant des choses merveilleuses supposées réelles. Intervient alors un troisième personnage, manifestement représentatif de l'opinion d'ANDREÄ, appuyée sur la raison et le bon sens, et surtout sur la foi chrétienne, et qui, en peu de mots, substitue à des balivernes la sagesse de l'homme de science et de foi. Au passage sont égratignées la kabbale, l'astrologie, l'alchimie, la numérologie, la crédulité et l'impiété, l'agitation et la passivité, la quérulence, l'imposture, l'obstination et la tyrannie, au profit de la tolérance, du travail, de l'observation du monde et de la prière.

Il est au premier abord étonnant de constater que, par-delà les siècles, les mêmes reproches pourraient être adressés à notre époque, dans laquelle malgré les progrès de l'éducation et des sciences, de la connaissance de la psychologie des hommes, la même crédulité est à l'œuvre : les hommes ne recherchent-ils pas davantage des croyances que des connaissances ? Les croyances sont d'un abord facile par leurs apparentes évidence et clarté : il suffit d'entendre un Maître auto-proclamé pour disposer d'une conviction absolue et immuable, alors que là où les connaissances sont vérifiées, elles demandent souvent un grand effort de compréhension, sont susceptibles d'être toujours remises en question, et ouvrent souvent sur des abîmes ignorés. En outre, contrairement aux affirmations des tenants des occultismes, les ouvrages consacrés à ces choses merveilleuses connaissent une extraordinaire diffusion, par comparaison aux ouvrages philosophiques, scientifiques ou simplement argumentés. Quelques centaines, au mieux quelques milliers, pour des ouvrages de cet ordre, contre des centaines de milliers, ou des millions, pour un *Troisième Œil*[6] ! L'actualité des propos de Johann Valentin ANDREÄ est donc évidente, et dépasse largement le cadre de cette illusoire fraternité. Pourtant, les groupes qui font appel à ces fantômes ont de nos jours pignon sur rue.

Mais, ANDREÄ étant mieux connu, il devint nécessaire de modifier l'argumentation des Ecrits rosicruciens de 1928, que nous avons citée. Elle devient : *C'est au XVIIe siècle que l'ordre atteignit sa renommée la plus considérable à la suite de la large diffusion d'un manifeste intitulé* Fama Fraternitatis *dont la paternité a été attribuée à tort à Valentin Andreae (1586-1654). Ce manifeste constituait en réalité l'un des éléments préparatoires à la résurgence cyclique de l'Ordre, conformément à la loi qui le régissait et d'après laquelle, après une période active de 108 ans, il entrait dans une période équivalente de sommeil pour reprendre, 108 ans plus tard, ses activités publiques. C'est au cours de cette période de résurgence que l'existence de l'Ordre fut révélée publiquement et qu'il fut officiellement connu en tant qu'Ordre de la Rose-Croix.* Ainsi existait-il paradoxalement en 1614-1616 des Manifestes en souffrance d'une Société que recherchera vainement René DESCARTES, et, de nos jours, des sociétés prospères privées des fondations sur lesquelles elles se sont fondées !

Mais ne devons nous pas aussi convenir des agréments du rêve ? Un savetier qui rêverait toutes les nuits, qu'il est roi, ne serrait-il pas plus heureux qu'un roi qui rêverait, toutes les nuits, qu'il est savetier ? Vive donc le rêve ! Mais le rêve qui libère des obscurantismes et naît des merveilles de la création, du parfum des fleurs, du chant des oiseaux, et de l'amour.

Archiv der Stadt Calw
Par courtoisie de la Direction du Musée Andreä

TURRIS BABEL

SIVE

Judiciorum de Fraternitate Rosaceæ Crucis

CHAOS.

ARGENTORATI,

Sumptibus hæredum LAZARI ZETZNERI.

Anno M. DC. XIX.

TURRIS BABEL

OU

La confusion des jugements Sur la Fraternité Rose-Croix

CHAOS.

STRASBOURG,
aux frais des héritiers LAZARE ZETZNER

1619

Dédicace

Au très remarquable Heinrich de Rostoch[7] ,
ami en Christ bien-aimé.

Vois, cher Heinrich, quel moyen je vais employer à l'encontre de cette Fraternité invisible. *Je me sers de la FAMA contre la rumeur.* Pour l'instant, *j'ai coupé le cou à beaucoup d'absurdités que j'ai relevées ici pour ne pas rester sans rien faire.*

Je n'ai pas répondu aux objections de beaucoup de gens, je le sais. Mais tel n'était pas mon propos : je préfère te révéler, à toi et à mes autres amis, les points sur lesquels je suis d'accord et montrer aux autres comment je me suis éloigné en cette affaire d'une passion excessive.

Je n'ai jamais rien dit contre la Vérité qui est révélée dans le Verbe immuable de DIEU *et qui n'a pas d'autre témoin. Mais personne ne m'a amené à donner un renom à un* Ordre *qui n'a pas encore été assez observé, qui n'a pas encore fait ses preuves et n'a pas encore été assez jaugé.*

Aux pires choses, on donne une réputation de bien. On transforme en mal les meilleures choses en les discréditant. Si le mal nous entoure, embrassons ces biens qui ne manquent pas. En cette époque étonnante qui est la nôtre, ne laissons pas l'absurdité nous nuire. Mais profitons de ce qui est vraiment sûr et conforme à la raison.

J'ai fait sincèrement ce que j'ai pu, et j'ai ajouté ma conjecture à celles de tant de gens. Si elle est fausse, quoi d'étonnant puisqu'aujourd'hui tant de gens se trompent et trompent. Que Christ te garde pour Lui en te préservant de toute erreur et qu'Il nous unisse en Lui et par Lui.

Adieu, ainsi qu'à nos amis, et encore une fois, porte-toi bien.

J. V. A.

I. Fama *

Le monde dort, les hommes se reposent et usent leur temps à écouter des récits dissonants. Pour moi, que fais-je ? Moi, objet de toutes les plaisanteries, à ne rien faire ? S'est-elle tarie – non, ce n'est pas le cas – cette source inépuisable de rumeurs à répandre sur la foule et le peuple dans le vacarme de la place publique ? Mais, allons, quelle belle matière s'offre à moi. J'ai de quoi remplir les bouches béantes, et révéler les désirs les plus profonds ou arracher les regrets les plus intimes et les plus profonds. Soit, c'est ce que je me propose ; je vais le faire.

Eh ! Mortels ! Combien de divisions dans le monde religieux, de dissonances dans le monde politique, d'obscurantisme dans le monde des lettres, de dissolution dans les moeurs et d'entraves à la nature humaine vous observez non sans en être affligés.

Ce qui est heureux et bienvenu sur la terre c'est qu'il y ait, prête à combattre, une foule innombrable de Frères très savants, très puissants, très pieux, très honnêtes, unis par le symbole de la *Rose-Croix* qui, bientôt, exauceront les voeux des meilleurs au-delà de leurs voeux et délivreront vos terres de toute Idolâtrie, Tyrannie, Barbarie et impuretés ; ils redonneront au genre humain sa beauté morale.

* Le Manifeste

Ils constitueront une monarchie parfaite et florissante composée d'hommes purs, pieux, bons, et éclairés.

Et si vous les recevez avec respect, comme il convient, oh que vous serez heureux, riches, sains, sages et que vous vivrez vieux et triomphants ! Si au contraire vous les rejetez avec imprudence et impudence, hélas, malheur à vous ! Il vous faudra périr d'une mort honteuse.

Mais afin que vous n'ayez pas de doute, voici l'histoire d'un *Ordre* admirable et le portrait de son *père fondateur*. Afin que vous n'ayez pas de crainte, voici la Confession très scrupuleuse, le tout rapporté d'une manière inhabituelle et avec un mode d'expression au-delà de l'humain. Lisez-les, jugez-les, et faites les même connaître au-dehors, et si vous y trouvez du *bonheur*, applaudissez-les comme il convient. Allez ! J'ai fait ce que l'on m'a demandé. Vous, ce que vous devez et ce qui est bon pour vous, faites-le. Adieu. Je ne sais si j'ai convaincu les hommes de cette très grande histoire !

Ils murmurent je ne sais quoi et ils s'entretiennent à l'écart. Moi je dois quitter le forum de peur ou d'être considéré de manière trop vétilleuse ou d'être forcé de prouver ce qui manque de tout témoignage. Mais vous, si cette comédie vous donne un peu de plaisir, soyez attentifs et écoutez de toutes vos oreilles.

II. Curiosus, Supinus, Solicitus *

Curiosus. Qu'est-ce que j'entends ?
Supinus. Comme si cela nous regardait ?
Curiosus. Ah ! Cela ne nous regarde pas que la religion, la politique, la littérature, soient purifiées ? C'est ce que nous attendons avec une si grande anxiété.
Supinus. Il n'est pas possible à tous de prêter l'oreille aux murmures. Ce qui nous importe, c'est que les autorités voient de quoi il s'agit.
Curiosus. Il vaudrait mieux que quelqu'un de bien reste en faction et qu'il note presque un par un tous ceux qui entrent et qui sortent, qu'il observe les gestes, épluche les mots, examine les marchandises afin qu'il puisse rapporter avec exactitude ce que la République a à espérer ou à craindre de chacun.
Supinus. Bof ! Race laborieuse quand tu t'uses avec l'autre, tu t'oublies toi-même ! Débrouille-toi plutôt pour acheter le moins cher possible ce dont tu as besoin ; vends le plus cher possible ce que tu as en grande quantité, et reviens à la maison tantôt avec de l'argent, tantôt avec des provisions, non pas avec des sornettes.
Curiosus. Il me semble que tu oublies la moitié du plaisir des hommes, celle qui est considérée comme le condiment

* Le Curieux, le Nonchalant, l'Inquiet

de l'autre partie : savoir ce qui se passe ici et là, ce que la postérité doit en attendre, choses dont nous discutons parfois entre nous, qu'est-ce sinon vivre de la façon la plus attrayante ?
Solicitus. Quel est l'objet de votre différend ?
Supinus. Il est complètement idiot, il a entendu raconter par je ne sais quelle effrontée des histoires incroyables qui maintenant le préoccupent de manière insensée.
Curiosus. Incroyable vraiment ? Qu'il y ait un *Ordre de Frères* qui médite de *réformer le monde* et qui soit lui-même particulièrement bien équipé en talent, richesse et forces pour le faire ? Ils sont déjà sur le pied de guerre, on les voit déjà partout, déjà on entend leurs menaces, cela ne te touche pas ?
Solicitus. J'ai entendu moi aussi cette information dont je ne fais cependant pas grand cas, si ce n'est qu'à mon avis, il faut toujours se méfier des inventions de Satan, qui, de la moindre petite chose peut tirer autant d'occasions d'impostures qu'il le veut. Même s'il ne pouvait nuire de cette façon à l'Eglise, il chercherait à le faire cependant et il se montrerait capable de mille tours.
Supinus. Je n'y attacherai pas une telle importance.
Curiosus. Mais moi je ferai une enquête plus méticuleuse sur ce sujet.

Solicitus. Prions plutôt notre Christ que Satan ne puisse rien contre nous, soit sérieusement, soit par plaisanterie. Car avec Christ les sérieuses intentions de Satan seront objet de plaisanterie pour la Foi : sans Christ, toutes les plaisanteries de Satan seront trop sérieuses pour notre sécurité.

III. Scrupulosus, Securus, Prudens *

Scrupulosus. J'ai du mal à dormir ; elle m'angoisse, cette *armée de frères* qui, dit-on, est plus importante que celle de Xerxès, et plus nombreuse que celle de Tamerlan. Que faire si par hasard notre religion, notre gouvernement, notre enseignement ne leur plaisent pas ? Devrons-nous périr ?

Securus. Es-tu assez fou pour penser que, malheur ou bonheur, cela puisse nous toucher à ce point ? D'autres obstacles, d'autres empêchements, permettront que nous ne soyons pas submergés. Pour l'instant, faisons nos affaires.

Scrupulosus. Tu ne sais pas ! Ah tu ne sais pas comme il est facile d'entreprendre cette *Guerre pour la Réforme*, comme il est difficile de la terminer.

Securus. Bah ! S'ils méditent une guerre universelle, ils auront de quoi peiner avec Mahomet et avec le Pape. Pendant qu'ils les assiégeront, nous serons libres de discuter de notre propre salut. Si par contre ils attaquent seulement une partie de la terre, et peut-être la nôtre, il vaudra mieux nous livrer à un ennemi très puissant, attendre des lois nouvelles et vivre dans l'obéissance et la paix sous le nouveau pouvoir.

* Le Pointilleux, le Sans-Souci, le Prudent

Scrupulosus. Tu veux rire ? Mais moi je suis inquiet, moi qui ai sous les yeux des torrents de sang, et le visage infiniment triste d'un monde bientôt en conflit avec lui-même. Qui doute, en effet, que l'on puisse envisager une affaire si importante et calmer les esprits trop exacerbés sans d'atroces luttes ?
Securus. J'aurai peu de choses à dire, moi ; puisque cette préoccupation ne me touche absolument pas, si ce n'est que j'ai l'habitude de regarder d'abord en face les choses, ensuite de veiller à moi-même, et non pas de me laisser émouvoir par les rumeurs ou les ragots.
Prudens. N'est-ce pas la rumeur de cette *fraternité* qui vous oppose ?
Scrupulosus. Tout à fait, en effet ; il fait fi de l'énorme danger.
Prudens. Mais toi, tu es torturé par des menaces si pesantes, n'est-ce pas ?
Scrupulosus. Oui, c'est en effet ce qui convient si l'on veut faire face aux événements qui se présentent.
Prudens. J'approuverais ta préoccupation si tu redoutais quelque chose de vraisemblable. Mais en réalité ce sont des fantômes et pour ainsi dire des revenants que tu crains, je ne sais si tu te tourmenterais plus si tu prévoyais quelque danger pour la République. Car si quelqu'un s'élançait à tes prédictions et fermait la porte

à l'ennemi qui arrive, sans aucun doute on se moquerait de toi peu après, s'il était évident que tu avais suscité cette agitation sur une seule information.

Securus. C'est pourquoi, moi, j'aurais dormi sur mes deux oreilles.

Prudens. Rappelle-toi cependant ! On évite beaucoup de choses par une clairvoyance prudente et on en perd beaucoup par un mépris négligent.

Securus. Je m'en vais préparer mon lit.

Scrupulosus. Je m'en vais préparer mes armes.

Prudens. Je m'en vais m'occuper de ma famille pour ne pas faillir à mes nobles devoirs par ces bavardages.

IV. Mobilis, Immobilis, Sequens *

Mobilis. Ah ! Voilà enfin ce que je veux : je suis content d'être en vie maintenant et de n'avoir pas été emporté sous la terre de nos ancêtres.

Immobilis. Tu disparaîtras toi aussi, à ton heure, et tu ne pourras jamais t'en plaindre.

Mobilis. Qui ne volerait quand on lui donne des ailes, quand les routes du ciel en quelque sorte lui sont ouvertes ? Qui n'abandonnerait les vieux vêtements dans lesquels il a peiné jusque-là ?

Immobilis. Ne vivais-tu pas dans la pauvreté, il y a peu de temps ? As-tu envie d'y retourner ? Et ce que tu traitas autrefois d'intolérable, l'excuseras-tu au bout de trois jours, ou même l'approuveras-tu ?

Mobilis. Je n'ai pas honte d'avancer en âge, et aussi dans une estimation plus juste des choses, bien loin d'admettre qu'une chose soit tout à fait définitive. Eh quoi ! Que dire en effet, si après, on n'a plus à supporter le besoin, la maladie, l'ignorance, la peine, le vieillissement, ne serait-il pas agréable de sortir la tête de l'eau, même au prix d'erreurs.

Immobilis. Je suis ici, où la Nature m'a mis. Là, il est inévitable que parfois je décline, parfois je manque de ressources, parfois je doive supporter les maladies,

* L'Actif, le Passif, le Conséquent

l'ignorance, la fatigue, ou même la folie. Or si je m'opposais à cela, peut-être trouverais-je quelque douceur à me mentir, mais jamais je ne pourrais sortir de ma condition ? Or c'est seulement si j'en juge en me référant non pas à l'inconstance de mon appréciation, mais à l'impossibilité des décrets du destin qu'elle ne sera pas pénible.

Sequens. Paix à vous !

Mobilis. Elle est déjà toute proche.

Immobilis. Elle a toujours été avec moi.

Sequens. Je ne comprends ni l'un ni l'autre.

Mobilis. Eh ! Ignores-tu que les *pacificateurs du Monde* sont là ?

Sequens. Et toi, tu es encore dans ton rêve ?

Mobilis. Tu n'as pas honte d'appeler rêve ce que tant de Gens Eveillés construisent à travers l'Europe, ce qu'à chaque jour de marché la trompette chante haut et clair ?

Sequens. Ah ! Pauvre malheureux qui abandonnes ta situation, qui n'est pas si intolérable, et dresses l'oreille à des nouveautés que tu n'as pas encore examinées; toi qui avales bouche bée comme plus vrai que la réalité ce qui vient de la bouche inconsistante de l'ombre.

Mobilis. N'admettrons-nous donc rien qui sorte de l'habitude et la dépasse ?

Sequens. Si, mais seulement si ce qu'on nous a proposé de bonne foi peut être comparé à ce que nous avons, et si, une fois que nous nous en sommes saisis, si l'on peut dire, nous pouvons y trouver une amélioration réelle. Mais il en va autrement, s'il ne s'agit que de paroles et énigmes inextricables qui ne sont que fumées et que nous prenons pour des oracles.

Mobilis. C'est pourquoi tu ne donnes pas de nom à cet Ordre ?

Sequens. J'en donnerai si je vois qu'il est meilleur pour nous.

Immobilis. Mais pour moi, ce qui n'est pas mauvais est bon.

Sequens. Ne sais-tu pas cependant que beaucoup ont été abandonnés à eux-mêmes et à leurs ténèbres à cause de leur trop grande immobilité au jour renaissant ?

V. ASTROLOGUS, CALCULATOR, CONJECTANS *

Astrologus. Assurément, c'est au moment de cette fameuse *grande conjonction* qu'on vit de nouveaux prophètes détourner les gens des anciennes moeurs et redresser la religion épurée, liquider la tyrannie du Pape et de Mahomet, si bien que cela nous est tombé du ciel même. Dieu bon ! Je ne m'étonnerais pas de la disposition du ciel[8], le 20 Décembre, ce Mercredi de l'année 1603 ? Elle indique et exprime si clairement et si distinctement chacun des services, chacune des affirmations de cette *Fraternité* Royale qu'on doit s'étonner qu'il y ait encore des gens qui la mettent en doute.

Calculator. Quant à moi, j'ignore cette littérature Céleste, mais je m'appuie sur ma connaissance des calculs[9] qui depuis longtemps ont révélé avec évidence grâce aux nombres sacrés la restauration de Jérusalem et la ruine de Babylone. Et ces remarquables *frères* de la Rose pleins de piété se joignent maintenant tellement à point nommé que l'on pourrait dire d'eux-mêmes qu'ils sont ceux que l'Abbé Joachim[10], Sainte Brigitte[11], Liechtenberg[12], Paracelse[13], Postel[14] et autres éclairés ont promis à la terre.

Conjectans. Je n'ai jamais eu moins confiance en votre art qu'en ce moment, où je vois que vous pouvez commettre d'énormes erreurs. Car, pendant que toi,

* L'Astrologue, le Calculateur, le Réfléchi.

l'*Astrologue*, tu fais violence au ciel au profit de ces chimères, et que tu échafaudes des mensonges même là, qui ne te refuserait sa confiance en des choses vraisemblables ? Mais toi, le Numérologue, en te comparant presque au Prophète, en prenant comme origine du dernier grand bouleversement tantôt une chose, tantôt une autre, tantôt encore une autre, selon que l'une ou l'autre a plus de succès, en inventant enfin une Fraternité fictive, si je ne me trompe, tu m'as donné seulement le sentiment que tes calculs étaient vains et inutiles.

Astrologus. Oh ! Quelle audace de nier les prédictions les plus évidentes du ciel !

Calculator. Quelle imprudence d'aller contre les calculs les plus exacts !

Conjectans. Je n'ai rien refusé qui vienne du ciel. Mais je suis en colère contre toi, parce que tu mens même lorsque tu lis dans le ciel. De même, j'estime les nombres sacrés ; mais je les soupçonne de n'avoir aucun rapport avec ces *croisés* [15] ? Je pense même que cette histoire ne dépend ni du ciel ni des nombres ; elle a été inventée par quelqu'un de malin pour attraper les curieux, jauger les Prophètes, se moquer de ceux qui gobent tout, enfin pour s'assurer de la malhonnêteté et de l'impudence des imposteurs qui y prendraient part et donc pour pouvoir avancer au milieu des incertitudes de l'humanité avec plus de sûreté.

Astrologus. Malheur à moi ! Si le ciel m'a trompé !

Calculator. Pauvre de moi ! Si les nombres me mentent !

Conjectans. Tant mieux pour vous ! Si même des racontars vous amènent enfin à la vérité !

VI. Querulus, Defensor, Confitens *

Querulus. Je craignais que, si nous nous taisions encore, les pierres ne se mettent à parler. Mais maintenant, quelle chance de voir apparaître cette *Fraternité* qui vient venger la vérité et la liberté, et comme personne ne fait attention, s'élève contre les moeurs corrompues et promet des remèdes pour chacun de nos maux.

Defensor. Tu accuses toujours notre époque, comme s'il n'y en avait eu aucune qui soit pire, et même comme s'il n'y en avait jamais eu de semblable. Notre monde n'est pas complètement mauvais ; mais tu ne supportes rien, même ce qui est bien organisé te déplaît et ce qui a beaucoup de goût te donne la nausée.

Querulus. Hélas, il y a deux destins, souffrir, et en même temps protester ! Recevoir des coups et en rire ! Quoi ? Est-ce que l'ivraie n'est pas abondante dans le champ du Maître ? Les épines n'abondent-elles pas sur la fleur de la justice ? L'ivraie des opinions n'a-t-elle pas touché nos chaires ? Les orties du relâchement n'ont-elles pas envahi les jardins de la société humaine ? Et nous ferions encore l'éloge du monde ? Nous lui trouverions des excuses ? Non. Supportons et écoutons.

* Le Querelleur, l'Avocat, le Croyant

Defensor. Que tu es injuste ! Une époque où la lumière de l'Evangile s'est remise à briller, où l'Etat est réorganisé, où les flambeaux des lettres sont allumés, et où toutes les beautés de la terre sont restituées, tu oses en parler comme une source de malheurs et de difficultés ! Quant à moi, je trouve que tu es digne d'être châtié par les paroles de l'Antéchrist, ou le fouet des Turcs, ou les épines des barbares, de manière à ce qu'enfin tu commences à apprécier la chance de notre époque, puisque tu as un peu goûté au malheur des époques précédentes.

Confitens. Est-ce que je me trompe si je pense que cet homme est satisfait du monde ?

Querulus. Tu arrives au moment où je m'élève contre lui, qui dit que nous sommes tellement séduisants que nous n'avons absolument pas besoin de ces frères tout à fait remarquables.

Confitens. Quel malheur pour nous s'il nous faut attendre que ces gens-là redonnent sa jeunesse au vieux Monde !

Querulus. Eh ! Doutes-tu qu'il y ait enfin des gens que nos si nombreuses plaintes aient réveillés ?

Confitens. Quelles plaintes ?

Querulus. Je demeure interdit ! Presque dans chaque domaine de la vie il y a de quoi faire des reproches, se méfier, se mettre en colère.

Confitens. Pour moi, il y a une infinité de choses qui prouvent l'imperfection du monde et poussent à aspirer à cette perfection qui est dans les cieux. Mais il n'est nullement agréable à Dieu ni convenable pour l'homme de vilipender et d'attaquer sans cesse le monde au lieu de faire preuve de foi et de patience.

Defensor. As-tu un moyen de trouver la paix en ce Monde ?

Querulus. Pas encore.

Confitens. Mais Dieu ne permettrait jamais que dans ce marché de la vanité quelque chose nous satisfasse complètement ou remplisse notre âme. Bien plus, nous sommes certains que tout ici-bas a son défaut. Mais ce qui est mauvais, un homme de bien, plein de sagesse, le repousse, l'écarte, l'évite, ou l'accepte seulement dans la mesure où il ne risque pas d'abîmer son âme.

Defensor. Vivons pendant que nous sommes en vie.

Confitens. Oui, mais de façon à ne pas encourir une mort éternelle.

VII. Ciniflo , Agyrta , Philosophus *

Ciniflo [16]. J'aurais pu désespérer si je n'étais *Chymiste.* La *Nature* en effet s'est trop longtemps retirée, elle a trop souvent esquivé mon art. Maintenant, cette fameuse *Fraternité* accoucheuse du Macrocosme la tient enfin captive. J'ai hâte de la voir dans ses chaînes.

Agyrta [17]. Qui est ce *charbonnier* [18] ?

Ciniflo. Est-ce que je me trompe, si je vois ici même un favori de la nature ?

Agyrta. Où allons-nous, mon bon ?

Ciniflo. Si toutefois nous y parvenons, au royaume de la Béatitude.

Agyrta. Eh bien, dans ce cas, moi j'en viens.

Ciniflo. Est-ce que tu aurais vu le Royaume ?

Agyrta. Je ne l'aurais pas vu, moi qui ai été l'hôte et le convive de cette *Fraternité*, qui compte des troupes non négligeables, qui dépend de Maîtres vraiment purs. J'ai vu des palais plus beaux que ceux des empereurs, j'ai vu des richesses plus grandes que celles des Crassus [19]. J'ai vu, mais qu'est-ce que j'ai vu ? J'ai entendu, dis-je, une Musique tout à fait olympienne.

Ciniflo. Je pourrais le croire. Car moi aussi, comme récemment deux *Frères âgés de l'Ordre* étaient avec moi

* Le Souffleur, la Foule, le Philosophe

et s'étaient entretenus en abondance avec moi de la *transformation des métaux* et même de l'*Azoth*[20] lui-même, tout m'a semblé royal, digne de César. Tant ils font d'*or* à partir de rien. Et ils ont jeté à mes pieds une masse d'un poids incroyable.

Agyrta. Est-ce que cet or n'avait pas été fabriqué en ta présence ?

Ciniflo. Si, précisément, et chose admirable, sans autre support que l'*airain* qu'ils ont condensé et teinté à l'aide d'une *poudre bénie* puis transmué en or oriental. Ils étaient même prêts à faire une pièce entière en or, si je l'avais voulu.

Agyrta. Il aurait fallu le demander.

Ciniflo. Sûrement pas, si nous sommes sensés. Qui, en effet, nous aurait arrachés aux magnats si la chose avait été connue ?

Agyrta. Ils auraient pu de nouveau tout faire fondre en airain.

Ciniflo. Ne sais-tu pas que nous méprisons l'or et que ce n'est pas lui à proprement parler que nous cherchons : notre bonheur, c'est plutôt le *Magnétisme Universel*[21].

Agyrta. C'est clair. En effet, tu te fais rarement remarquer pour ton l'or, toujours pour tes idées fumeuses, autant dire tes racontars.

Ciniflo. Quoi ! Tu es en train de médire, sycophante ?

Agyrta. Je parle comme il convient à un homme qui n'est pas mal disposé à l'égard de cette société fastueuse.
Philosophus. Quel merveilleux compagnon ! Parce qu'il vit de mensonges, il s'évertue à les avaler et à les faire avaler aux autres ! Eh toi, le Chymiste, quand remplis-tu tes engagements ?
Ciniflo. J'en prends à témoin le ciel et la terre, avant la fin du mois.
Philosophus. Le premier Décembre[22], je pense. N'as-tu pas honte d'avoir fait de faux serments ? N'as-tu pas honte de ravaler tant de niaiseries ?
Ciniflo. Maintenant, enfin, celle-là, cette Fraternité y mettra fin.
Philosophus. Elle donnera plutôt la corde* que tu mérites pleinement, toi qui mets dans la même marmite ton argent, la crédulité des autres, enfin tout sens moral.
Agyrta. Cet homme ne croit à rien.
Philosophus. Eh quoi, tu es encore vivant et tu n'es pas pendu**, toi qui tiens en suspens tous ceux qui sont charmés par une odeur de curiosité ?
Agyrta. Que l'auguste fraternité entende ces propos et qu'elle se venge !

* Jeu de mots entre *finem*, la fin, et *funem*, la corde

** Jeu de mots entre *pendes*, pendu, et *suspendis*, tu tiens en suspens

Ciniflo. Que cette fraternité précieuse comme l'or se manifeste et endoctrine ces rebelles et les convainque !

Philosophus. Cela vous convient parfaitement, que vous, qui avez vendu tant de fumée, vous soyez élus par le consentement commun de cette *Fraternité de Ramoneurs.*

VIII. Mendicus, Impostor, Animadvertens *

Mendicus. Soyez bénis, là où vous êtes, *Frères Rosecroix*, ma faim est moins grande et plus rare grâce à vos bienfaits ! Car alors qu'il ne restait plus rien pour le palais des plus délicats, votre FAMA et les suites de ce manifeste ont excité à nouveau les oreilles et stimulé le goût. Maintenant, *Echo*[23], *Pandora*[24], *Clypeum*[25], *Fortalitium*, *Silentium*[26], *Speculum*[27], et les autres villes utopiques qui ont été imaginées ménagent aux fils de votre doctrine et aux amis de ses mystères une grande facilité d'admission, rapidité d'entreprise, libéralité de subsistance. Pendant que j'y ajoute la liste des agréments et le condiment de mes remarques, il s'en faut de peu que je m'enrichisse au milieu de ma pauvreté.

Impostor. En parcourant le monde, soit comme *coadjuteur des Rosicruciens, soit comme secrétaire, soit comme agent, soit comme recruteur, soit comme trésorier*, je ne sais si j'ai vu plus de crédules ou d'indécis, ou de gens qui campent sur leurs positions. C'est que le monde est divisé en trois.

Mendicus. Bonjour, homme merveilleux, à ce que je crois, tu t'y connais en ce qui marche par trois.

Impostor. Sais-tu à qui tu parles ?

* Le Mendiant, l'Imposteur, l'Attentif

Mendicus. A un homme d'une valeur certaine.
Impostor. Certes, c'est vrai. Mais souviens-toi que je suis *Philosophe, Philologue, Théologien, Théosophe, Médecin, Chymiste, Ermite, Coadjuteur de la Fraternité invisible, ennemi intraitable de l'Antéchrist* et, ce qui est le plus important, je suis aussi *Poète*.
Mendicus. Il t'est donc possible, et même facile, de raconter des histoires au Pape !
Impostor. Garde-toi de plaisanter : je suis né pour des choses sérieuses. Je te dis cela pour que tu ne cherches pas dans ta témérité à résister à *Frédéric Barberousse* [28], chef de la plus grande armée sur terre, qui a déjà mis ses guêtres et pris son déjeuner, et sort des profondeurs du *Tyrol*.
Mendicus. J'en ai froid dans le dos.
Impostor. Tu le dirais encore plus si tu avais vu avec moi les armes en acier trempé, les épées en *pierres précieuses* [29] et toutes les lames en or.
Mendicus. Est-il seul ou a-t-il quelques alliés ?
Impostor. Quelques-uns, dis-tu ? Mais il en a des myriades, sous la conduite de plusieurs Chefs : Charles de Bourgogne [30], Baudouin des Flandres [31], Merlin l'Anglais [32], Danheusero [33*], et d'innombrables autres.

* S'agit-il d'un Danois ou d'un Scythe? En effet, *Dahae* désigne un peuple scythe

Animadvertens. Aucun carrefour n'est donc à l'abri de cette fange d'hommes. D'un côté une ambition infatigable, de l'autre un mendiant.
Mendicus. C'est toi justement que j'ai attendu depuis que j'ai une quantité de nouvelles extraordinaires. Mais ce n'est pas une petite affaire.
Animadvertens. Foin des bagatelles dont tu remplis un esprit droit. On dirait de la fumée de tabac.
Mendicus. Fais attention à ce que tu dis. Je suis bien considéré par une certaine Fraternité, ne le sais-tu pas ?
Animadvertens. Est-ce cette fraternité, servant de masque à tous ceux qui n'hésitent pas à salir les honnêtes gens, à se moquer des gens intègres, à tromper les gens simples, à répandre des idées inconsidérées, et qui commence même à les rendre publiques ?
Impostor. Continue, continue à poursuivre l'innocence de la sainte fraternité.
Animadvertens. Ce sera ton affaire, toi qui a déjà depuis longtemps l'habitude de fabriquer des songes avec n'importe quoi plus facilement qu'un potier ne fait une marmite avec de l'argile.
Impostor. Oh ! Quelle injustice envers ma piété !
Animadvertens. Celle-là même, n'est-elle pas un mélange de toutes les Religions, un rapiéçage [34] de toutes les opinions, un entassement de toutes les vanités.

Il n'y a qu'une chose qui l'occupe entièrement pour un peu de temps : remplir son ventre. Mais elle se libère déjà en médisances et calomnies de toutes sortes.
Impostor. Je m'en vais.
Animadvertens. Voilà ta seule réaction de sagesse, ne point t'attarder trop longtemps dans le même endroit.
Mendicus. Tu ne regarderas pas mes opuscules ?
Animadvertens. Lorsque j'aurai envie de perdre, de la pire façon, le meilleur de mon temps.

IX. Hypocrita, Impius, Paenitens *

Hypocrita. Je ne sais s'il y a jamais eu des hommes plus curieux que ceux de notre époque, qui examinent tout, inspectent tout à l'intérieur, dévoilent tout ; c'est tout juste si l'on peut après habiter chez soi et être seul à connaître son royaume domestique. En outre, ils règlent la vie avec une telle minutie que bientôt nous pourrons à peine rire, manger ou boire, sous prétexte que nous sommes pour ainsi dire les champions du masque et de la mine trompeuse. Mais voyons quelle sévérité cette *Fraternité Catonienne* [35] va faire peser sur nous.

Impius. Il ne suffit pas d'entendre les invectives des assemblées et les attaques mordantes du forum, enfin les paroles impérieuses de nos collecteurs d'impôts, il faut encore subir les entraves d'un Ordre qui, pourrait-on croire, a été envoyé des enfers pour imposer un joug encore plus dur à la terre.

Hypocrita. Il n'est pas du tout étonnant que tes moeurs désorientées méritent le blâme, mais sous prétexte que je montre la gaieté dans la piété, la parcimonie dans la libéralité, les disputes dans les amitiés, la licence dans l'honorabilité, le laisser-aller dans l'ordre, elle s'attribue

* L'Hypocrite, l'Impie, le Repentant

le droit de juger et attaque d'une même voix les supérieurs et les inférieurs, les religieux et les profanes, les lettrés et les illettrés, et çà, c'est tout à fait intolérable.

Impius. Selon moi, nous ne manquerons pas de chantres du verbe et des lois, ni de guides pour diriger nos pensées et nos comportements. Ce sont des gens qui n'ont envie que de commander, aussi est-il insensé d'y ajouter ces rigides censeurs.

Paenitens. Je te remercie, Dieu très Clément, de me rappeler mon devoir en toute occasion. Mais, oh ! Voilà des gens.

Hypocrita. Toi aussi, n'est-ce pas, tu accuses les excès de cette fraternité.

Paenitens. Tu veux parler de la Rose-Croix ?

Hypocrita. Tout à fait.

Paenitens. J'ai une dette envers cette fraternité qui, tout en faisant autre chose, m'a fait prendre conscience de mes comportements dissonants.

Hypocrita. Comme si c'était son rôle de nous prescrire, à nous, ce qu'elle enseigne.

Paenitens. Aucun hommes, certes, ne te donnera des lois qui te plaisent, puisque tu es ta propre divinité, ton propre tribunal, ta propre source de vérité. Pour le reste, tu n'es pas meilleur que les autres. Mais tu es plus fardé. C'est pourquoi tu as raison de te mettre en colère chaque fois que ta conscience est exposée au grand jour par un sifflement léger.

Impius. Ha ! Ha !

Paenitens. Pourquoi ris-tu ?

Impius. Je ris de votre stupidité. Pendant que vous modelez et remodelez votre vie, vous vieillissez.

Paenitens. Dieu m'a donné la capacité de m'améliorer en toute occasion, et de laisser derrière moi, après en avoir eu honte et repentir, ce que j'ai fait de mal.

Hypocrita. Autres sont les choses et ceux qui les enseignent.

Paenitens. Ce qui restera clair pour moi cependant, c'est que vous êtes tellement pleins de vices que cette fraternité fictive, si je ne me trompe, vous déplaît par son côté peut-être le meilleur.

X. Scriptor, Lector, Meditator *

Scriptor. Je ne supporterai pas cette injustice envers notre époque. Je ne supporterai pas que quelques frères du mage Paracelse s'acharnent contre l'Univers, même contre le Monde le plus cultivé, et j'ai avec moi le peigne et le savon avec lesquels j'ai nettoyés leurs têtes crasseuses.

Lector. Est-ce ce polygraphe, ce dernier des *Demi-savants* ?

Scriptor. Il reste que le Monde chante déjà un péan pour avoir vaincu les perturbateurs, pour avoir recouvré la liberté, pour avoir enfin affermi la citadelle de la Philosophie.

Lector. Puis-je te parler, à toi, le plus prolixe des philosophes ?

Scriptor. Oui, c'est ce que je veux, parler avec toi, vivant ou mort. Mais que lis-tu maintenant ?

Lector. Bah ! Quoi d'autre que les grandes lignes et les plans de l'*ultime réforme* que nous communique cette très sage Fraternité.

Scriptor. Je ne t'empêche pas de lire ceci : si toutefois tu atteins par ta finesse ma clairvoyance, qui t'intro-

* L'Ecrivain, le Lecteur, le Penseur

duira dans les secrets de cette troupe. Tu verras en effet que ce sont des Nécromanciens, des fanatiques, des disciples de Münzer[36], des Cabalistes, des Chymistes et autres destructeurs de l'Etat. Il est étonnant qu'ils s'infiltrent au cœur de l'Empire sans que personne ne les en empêche.

Lector. Sont-ils si malfaisants, ces gens que, moi, je croyais si purs ?

Scrupulosus. Lis ce que je te donne et tu approuvera la sagacité avec laquelle je les ai sortis de leurs ténèbres et de leurs repaires.

Lector. Je souffre déjà que l'on rabaisse à mes yeux l'autorité de ceux qui tant de fois avaient fait du bien.

Meditator. Ma parole ! c'est Scriptor qui est là.

Scriptor. Il est déjà clair pour toi, je pense, que je vais combattre avec énergie cette race malfaisante.

Meditator. Je ne sais quelle énergie tu mets à la prendre pour ennemi ou pour adversaire plus que toi-même. Cependant, la victoire sur soi est la plus grande.

Scriptor. Ne penses-tu pas que mes opinions sont fondées ?

Meditator. Que puis-je faire, puisque je n'entends, je ne vois, je ne sens aucun frère qui donne lieu à tes accusations ?

Scriptor. Alors, tu méprises mes informations ?

Meditator. Certes non. Mais je regrette qu'elles se réduisent à des Chimères sans consistance à force de coups portés sans rien voir.

Scriptor. Et s'ils se montraient ?

Meditator. Et s'ils ne se montraient pas ?

Scriptor. Et s'ils se taisaient ?

Meditator. Et s'ils n'étaient nulle part ?

Scriptor. Alors moi j'enragerais.

Meditator. Mais moi je vais rire. Mieux vaut donc en cas de doute suspendre son jugement plutôt que le hâter en s'exposant à la rumeur.

Scriptor. J'ai donné des stimulants capables de réveiller même des morts.

Lector. Et moi, je suis content d'assister à vos altercations.

Meditator. Fais attention à ce que tu lis pour ne pas te bannir de ce qui te lie au nombre des honnêtes gens.

XI. Otiosus, Laboriosus, Artifex *

Otiosus. J'ai du mal à attendre le jour du Marché pour apprendre quelle nouveauté cette Fraternité a enfanté pour nous. Ils ne se tairont pas, je le sais. On les a tant de fois suppliés et même provoqués de manière injurieuse.

Laboriosus. Hélas tout le monde doit vivre comme moi une longue vie de discipline et d'activité laborieuse. Car pour passer sa vie, que ne faut-il pas imposer au corps ? Quelle vitalité ne faut-il pas user ? Mais où sont ces gens qui clament et promettent de transporter sans fatigue des montagnes et aplanir des vallées ?

Otiosus. Qu'est-ce que j'entends ? La Fraternité s'est fait connaître même de cet homme ? Hé là ! Brave homme, qu'apportes-tu de nouveau ?

Laboriosus. Certes, cela vous est égal de le savoir, vous, les oisifs, pour qui travailler, c'est avoir des loisirs, et pour qui le loisir est un travail.

Otiosus. Mais est-ce que tu as entendu cette Fraternité ingénieuse dire quelque chose ?

Laboriosus. Il y avait récemment avec nous des gens qui ont décrit des hommes prodigieux.

Otiosus. Sans doute peuvent-ils voler, nager ; on ne peut pas les brûler ni les attraper et, en outre, ils peuvent être ce qu'il y a de mieux chez les hommes.

* L'Oisif, le Laborieux, l'Artisan

Laboriosus. Oui, par Mercure ! En réalité il est pénible qu'on ne puisse pas les voir ; ils diminueraient mon travail ou augmenteraient mes forces. Ils disent en effet qu'ils peuvent, autant qu'ils le veulent, verser sur un seul être l'énergie de plusieurs hommes.

Otiosus. Quelle heureuse époque, qui a presque tiré l'homme de sa condition humaine et l'a rétabli dans son pouvoir sur le monde ! Mais quel chemin pourrons-nous prendre pour être admis ?

Artifex. J'aime cette époque, qui a perfectionné toutes les disciplines d'une manière étonnante et, en arrachant les impuretés du début du siècle, se rapproche toujours plus des âges anciens.

Otiosus. Quelle chance de tomber sur cet artisan qui a sans aucun doute quelque chose de commun avec cette Fraternité.

Artifex. Pourquoi ronfles-tu éveillé ?

Otiosus. Je suis prêt à mettre la main à la pâte si tu me conduis à ce centre rosicrucien des arts.

Artifex. Malheur à ces mains molles et faiblardes qui ne peuvent manier que des inepties.

Laboriosus. Mais tu ne refuseras pas mes mains calleuses.

Artifex. Si seulement tu unissais à la persévérance dans l'effort la curiosité de l'esprit, et si tu levais les yeux au lieu de les baisser toujours, tu verrais apparaître devant toi cet amphithéâtre des arts plein de splendeurs et de

variété, et tu n'aurais plus besoin d'aller chercher les structures d'Amadis[37].
Otiosus. Tu es dur de m'arracher à mon espoir doré.
Laboriosus. Et tu me renvoies à ma sueur.
Artifex. Ainsi en sera-t-il de ceux qui écoutent les fables et préfèrent la fréquentation facile de la nature aux oeuvres de la raison humaine.

XII. Facilis, Difficilis, Tolerans *

Facilis. Mais que dis-tu vraiment ? Tous ces frères méritent-ils la pendaison ?
Difficilis. Ils sont même passibles de la roue, des flammes, de la noyade.
Facilis. En quoi troublent-ils le Bien public ?
Difficilis. En presque tout. Car ils attaquent les fondements de notre foi, ils renversent l'autorité de la Magistrature, ils ruinent la renommée des vendeurs, ils détruisent les coutumes les plus honnêtes, et que n'ont-ils pas attaqué ?
Facilis. D'une mouche, tu fais vraiment un éléphant. Moi, en effet, je ne trouve rien de ce genre même parmi les effets les plus importants. Je croirais plutôt que tu as voulu mettre en doute quelques-unes de nos idées non par conviction, mais pour la discussion et l'affrontement.
Difficilis. Je ne voudrais pas que donnent lieu à des discussions d'école des choses qui ont occupé presque la moitié des hommes, au point que nous ne sommes pas loin de l'insurrection.
Facilis. Je t'en supplie, parle comme il faut. Qui en effet te croirait, qui croirait que la situation est si dangereuse alors que nulle part n'apparaissent ne serait-ce que des menaces ? Mais ils se sont contentés de se montrer une

* Le Complaisant, le Morose, le Patient

fois au monde et ne reparaîtront peut-être plus s'ils entendent dire que cela te déplaît tant.

Difficilis. Ô que seulement l'un d'eux me tombe sous la main, je lui montrerai ce que c'est que d'attaquer ce qui a fait l'honneur de l'ancien temps.

Facilis. Mais moi, je traiterais avec beaucoup d'honneur un tel homme, et je l'inviterais très respectueusement à corriger ma maison.

Tolerans. Oh ! Que nous sommes différents ! Dieu bon ! Voici un loup avec un agneau, un exigeant et un indulgent. Sur quoi tombez-vous d'accord entre vous ?

Facilis. C'est toujours comme çà.

Difficilis. Qui ne s'enflammerait de voir aujourd'hui permis ce qui fut défendu de tout temps, à savoir mettre en doute toutes les lois qui régissent la vie humaine.

Facilis. Cet homme a peur des Frères très inoffensifs de la Rose-Croix.

Tolerans. Quelle sottise de notre part, que de perdre volontairement la vraie liberté, de craindre ensuite les entraves, et de s'irriter contre elles.

Difficilis. Que veux-tu dire ?

Tolerans Ceci précisément : tu commences par inventer cette existence fictive d'une Fraternité. Ensuite, tu te bats contre elle avec fureur. Or tu aurais pu facilement éviter l'un et l'autre, ou retarder sagement ta colère jusqu'à ce que tu aies des informations plus sûres à ce sujet. Ainsi est-il clair que les choses ont un très grand poids si elles occupent l'esprit, et qu'elles sont très légères et tout à fait tolérables si elles nous investissent seulement du dehors. Quant à moi, ce que d'autres estiment d'une grande importance me paraît sans consistance. Ce qui fait crouler les autres effleure à peine mes épaules.

Facilis. Je préfère pour l'instant me faire moins de souci en cette vie.

Tolerans. Mais n'oublie pas qu'on fait la même erreur en se délectant de choses sans importance et en se laissant accabler par elles, alors que le véritable homme de cœur diminue la pesanteur bien réelle des choses humaines à l'aide de la liberté chrétienne et ajoute à la force du corps les ressources de l'art.

XIII. Admirator, Contemptor, Aestimator *

Admirator. A quel point l'homme dépasse l'homme, je le comprends maintenant que je lis les merveilleux opuscules de la très lumineuse Fraternité. Autrefois un homme illustre a dit qu'il ne savait rien, de même ces opuscules convainquent clairement que cette Fraternité n'ignore rien. On pourrait même aller jusqu'à croire qu'un seul collège a réuni les mérites anciens et nouveaux et qu'on a extrait la quintessence de l'humanité.

Contemptor. Est-ce que tu ne cesseras jamais d'admirer cette Fraternité complètement stupide qui dit tant de monstruosités, d'absurdités, de bêtises et de paroles que je pense qu'elle n'est même pas éveillée quand elle écrit, mais qu'elle rêve et se moque d'elle-même et des autres ? Quelle confusion dans l'exposé ! Que de contradictions ! Quel style décousu ! La sottise de cette société est tout à fait évidente.

Admirator. Tu juges selon tes faibles capacités intellectuelles. Mais moi, j'ai un regard plus profond et je flaire un esprit particulièrement élevé qui garde sous ces voiles de très grands mystères et expose l'ensemble des connaissances de manière inhabituelle.

* L'Admirateur, le Contempteur, l'Estimateur

Contemptor. Je jurerais que les auteurs ne se sont même pas compris eux-mêmes, et que bien loin de trouver une nourriture solide dans leurs élucubrations, ils n'ont pas du tout voulu dire ce que tu y devines.

Aestimator. Plus je me renseigne sur cette fraternité, plus elle m'apparaît comme une supercherie habile. En effet, elle propose en abrégé une réponse aux aspirations humaines qui fait saliver les esprits nobles désireux d'obtenir ce qu'ils se sont échinés à atteindre depuis longtemps. Et, vraisemblablement grâce au concours de personnes de talent, ou d'une société, si elle est composée de personnes d'élite, douées d'une très grande perspicacité, on peut atteindre un niveau qui dépasse nos capacités. Mais ils ne m'ont pas encore convaincu que ce soit le cas, parce qu'ils profèrent des paroles tantôt irréfléchies, tantôt même terre à terre.

Admirator. Pourquoi, ami, as-tu du mal à te soumettre à cette fraternité envers laquelle tu n'es pourtant pas mal disposé ?

Aestimator. Parce que je soupçonne une fiction qui n'a pu se poursuivre que grâce à des bouffons impudents.

Admirator. Comment pourrait-on inventer une chose aussi belle, aussi noble même ?

Aestimator. Pourquoi pas ? Si on accorde crédit à n'importe quelle idée exprimée par une société littéraire qui propose ou fait appel aux qualités de ses propres membres et rassemble les talents dispersés ici et là sur la surface du globe.

Admirator. Tu ne me fais rien, tellement l'érudition profonde de ces gens m'a transporté.

Aestimator. Je voudrais bien te croire, mais je vois qu'en réalité ils ne sont pas érudits.

Contemptor. Maudits soient ceux qui dédaignent ce qui est habituel.

Aestimator. C'est de la passion, ce n'est pas du discernement. Quant à moi, j'aimerais examiner et juger cela, même si c'est une plaisanterie d'esprits assez rares, car ces sujets sont si rarement pris à la légère qu'ils ne nous laissent aucun stimulant pour des pensées sérieuses.

XIV. Credulus, Suspicax, Examinator *

Credulus. Les dés sont jetés. Je me suis présenté aux Frères très importants, très brillants, vrais amis de DIEU, maîtres du Monde, émules de la Nature. Qu'ils entendent, ô qu'ils entendent mes très humbles prières, et admettent dans le dernier échelon de leur bienheureuse société un adorateur très dévoué.

Suspicax. Hem ! Candidat très méritant au Rosicrucianisme, tu n'as pas encore reçu de l'Olympe ta lettre d'admission !

Credulus. Tu ris encore, tu es le plus inébranlable de tous les vivants sur tes opinions. Mais souviens-toi, tant que l'espoir reste, c'est assez pour l'homme qui aspire au bonheur !

Suspicax. Bah ! A mon avis, tes prières feront rire, ton espoir sera vain, mais tes raisons de t'indigner tout à fait certaines ! Pourquoi en effet ceux dont on dit qu'ils ne prennent que les meilleurs de la terre t'accepteraient-ils ?

Credulus. En vérité, ils recherchent la vertu, le bien, la piété des gens de toute classe. D'autres personnes de cette sorte ont été entendues ici et là et ont été inscrites. Je déclare dans une lettre particulièrement honnête que je suis comme cela.

* Le Crédule, le Soupçonneux, l'Examinateur

Suspicax. Je te demande qui t'a donné assez de confiance pour honorer de titres presque divins et des plus grands éloges une société que tu n'as jamais vue, jamais entendue, dont tu n'as pas vérifié l'existence, pour lui attribuer généreusement et abondamment la connaissance suprême, des moeurs parfaites, une harmonie céleste, alors que sa contribution à l'amélioration de notre condition par ses remèdes ou sa science n'est pas encore évidente ? Sans doute est-il facile de vanter une science immense ; mais il est plus difficile de prouver qu'elle est plus rare que tu sembles me l'avoir fait remarquer.

Credulus. En cette affaire, j'ai suivi le jugement de quelques érudits qui ne rougissent pas de reconnaître leur ignorance et n'hésitent pas à exalter la sagesse inouïe de ces frères.

Examinator. Si j'ai un bon flair, ça sent le Rosicrucianisme.

Suspicax. Tu ne te trompes pas. En effet, tu as ici un homme qui a les yeux levés vers le ciel, les mains tendues, et qui est même prêt à s'envoler si quelqu'un lui en donne l'ordre.

Examinator. Ne méprise pas devant moi cet excellent homme qui, pour être dégoûté de la frivolité humaine et avoir été trompé sur tant de choses humaines, se porte candidat à l'habilitation. En effet, si la situation n'évolue

pas comme il le désire, j'espère qu'il reviendra à la résignation. Pour l'instant, tenons compte de son dégoût pour le mal, de son envie de devenir meilleur, et n'accablons pas son intégrité de nos noirs soupçons.
Credulus. Qu'il soit permis d'espérer.
Suspicax. Afin que, libéré des chaînes présentes, tu sois privé de toutes sortes de libertés.
Examinator. Es-tu si heureux d'émettre des soupçons que tu n'aies pas assez de jours pour y revenir, en trouver d'autres, et te faire des reproches à toi-même. Mais c'est bien, puisque tes soupçons sont plus désagréables et pénibles pour toi que pour tout autre. Pour l'instant, nous inviterons les gens crédules à ne pas accepter sans un examen long et sérieux ce dont ils pourraient se repentir ou rougir.

XV. Audiens, Videns, Credens *

Audiens. A mon avis, il pourrait déjà suffire pour croire que l'attention soit attirée par la rumeur si constante et bruyante sur cette Fraternité ; mais puisque toi, dont on ne peut se défier, tu as vu toi-même un Frère et que tu lui as parlé, comment pourrait-il dès lors rester un doute chez les hommes ?

Videns. Mais moi, j'ai vu de mes yeux Wezflariae**, j'ai parlé avec cet homme, j'ai été stupéfait.

Audiens. Il ne manque pas d'autres personnes qui aient raconté des histoires semblables. Mais toi, tu seras le représentant de tous pour moi.

Videns. Je témoigne et témoignerai partout que cela s'est passé ainsi : il y avait un médecin, il faisait des choses étonnantes, c'était un expert en langues. Enfin, il disait lui-même qu'il était un Frère de cet ordre.

Audiens. Que répondront-ils maintenant, ceux qui jusque là ont négligé ces nouvelles comme sans consistance ?

Videns. Qu'ils voient eux-mêmes. Vraiment, mon âme était presque transportée.

Audiens. Il reste que nous écoutons ce qu'ils ont écrit et l'examinons avec beaucoup d'attention. Mais il y a je ne sais combien de leurs libelles brillants qui me déplaisent

* L'auditeur, le Spectateur, le Croyant

** Personnage inconnu

parce qu'ils sont manifestement des inventions.

Videns. Certes, ils ne sentent absolument pas l'érudition de celui que j'ai vu : au contraire, ils abusent du ciel et de la terre et de choses inoffensives comme le feraient des bouffons, et, de plus ils sont particulièrement bilieux.

Audiens. Alors, que conseilles-tu pour avoir des informations plus sûres à propos de toutes leurs affaires.

Videns. Parcours la terre, au cas où, par hasard, tu tomberais sur un frère. Car s'ils sont aussi nombreux qu'on le dit, il n'y aura presque plus de coin du monde sans un frère mineur, sinon un frère.

Credens. Cet homme est sûrement quelqu'un dont on dit qu'il a vu un Rosicrucien. Salut, ô bienheureux !

Videns. Tu te moques ?

Credens. Qui se moquerait de toi, qui as vu et touché comme Saint Thomas ?

Videns. Es-tu vraiment délivré de ton incrédulité ?

Credens. Pas encore, certes. Elle est en effet plus profonde que celle de Thomas, puisque, bien loin de se contenter d'une seule apparition douteuse, dix visions lui suffiraient à peine.

Videns. Tu doutes de moi ?

Credens. Oui. Ne serais-tu pas le jouet d'une plaisanterie ? Par ailleurs, je ne mets pas en doute ton honnêteté.

Videns. Mais je peux être vigilant, présent, attentif.

Credens. Variées sont les ruses de Satan, variées les plaisanteries de la Nature, variés les artifices et les comédies des gens habiles. Mais moi, je ne dis pas par quel moyen, par quelle habileté la maladie a été chassée. Je crains seulement une chose : que cet événement ne soit pas suffisant pour prouver l'existence de cette fraternité tout à fait cachée.

Videns. Tu es aussi incrédule qu'une pierre !

Credens. J'ai plutôt la foi chrétienne, celle qui ne s'appuie pas sur ce qu'on aurait vu ou entendu dire mais qui résulte d'un consensus et du témoignage de l'Esprit Saint. Cette foi ne se confie à aucune personne aussi brillante que tu veux. Elle ne prend que Dieu pour guide, aussi est-il évident et très lumineux que ce qui est proposé, ce à quoi nous sommes invités, conduit infailliblement à la reconnaissance heureuse et unanime de la vérité.

Videns. Crois-tu, ou non ?

Audiens. Moi, j'hésite.

Credens. Mais moi, je déclare sincèrement que je ne mets ma confiance en personne d'autre que le Verbe de Dieu.

XVI. Deformator, Reformator, Informator *

Deformator. Ceux qui administrent toutes choses par des prescriptions et des lois sont à mon avis trop abjects et trop méprisables pour que nous ne vivions pas plutôt en nous abandonnant aux circonstances et en penchant du côté où elles s'inclinent, car nos efforts seront vains et nous ne ferons que nous enfoncer nous-mêmes si nous voulons redresser la barre. C'est pourquoi je m'adapte aux moeurs de notre époque. Je me préoccupe peu de ce qui s'est passé avant moi, de ce qui doit se passer après moi. Aujourd'hui, l'Eglise est mise à nu : je me dépouillerai moi aussi ; la Politique se relâche : je détacherai moi aussi mes liens ; les Traditions sont bouleversées : moi aussi je changerai de nef ; la vraie vertu est chassée, moi aussi je la pousserai lorsqu'elle partira. Et à cause de cela, je suis tout à fait tranquille à l'égard de cette Fraternité réformatrice.

Reformator. Voilà un des membres influents de la détestable faction qui cherche à porter atteinte à la sauvegarde de l'état, à la conscience des grands, à la fidélité des modestes, à la sollicitude des sages, à la vigueur des forts, à la pureté des religieux, à la science des érudits, aux mérites des plus honnêtes gens, à l'appui des gens

* Le Déformateur, le Réformateur, L'Informateur

intelligents, et élimine toutes ces qualités partout où elle peut. Elle ouvre au contraire les portes à la tyrannie des Hypocrites et de la Sophistique, si bien que nous ne savons presque plus que croire, à qui obéir, où nous sommes menés, et que nous aspirons avec force soupirs à cette Métamorphose complète du monde dont la Fraternité vénérable nous a donné un très grand espoir. Mais elle ne nous a pas encore montré son œuvre.

Informator. Heureux Etat, celui qui n'est pas corrompu par les avantages privés de certains au détriment de la postérité et que les ratiocinations de cerveaux fumeux ne mettent pas en danger en censurant l'ordre actuel, mais qui introduit et fait valoir le souci du bien public et s'appuie sur l'expérience des anciens.

Deformator. Pourquoi m'assommes-tu de tes bavardages ? Ecoutons vos clercs, vos scribes, vos copistes et les gagne-petits du même genre plutôt que la race des Dieux.

Reformator. N'y a-t-il donc personne d'assez avisé pour empêcher les paroles insolentes et un air si effronté ?

Informator. Qui que tu sois, tu te trompes si tu essaies de barrer le cours impétueux du torrent. Cherchons plutôt comment rester en sécurité pendant que s'écoule le flot qui ne va pas durer longtemps. En attendant, formons nos auditeurs, concitoyens, enfants et étudiants à être attentifs aux jugements Divins qui sanctionnent aussi bien la séduction fallacieuse que la correction intempestive, c'est-à-dire le laisser-aller et la réforme, défauts l'un comme l'autre, à respecter ces jugements, et à leur donner une très grande importance, ou à en faire les fondements de ce Monde.

Deformator. Si tu reçois les coups, et si c'est moi qui les donne, qui de nous deux sera le plus vite fatigué ?

Informator. J'ai pourtant vu quelquefois des bâtons se briser dans la main de celui qui frappe avant que l'on change d'avis.

Reformator. Je ne supporterai pas que tu sois injuste avec moi impunément.

Informator. Mais moi, je renverrai tout ce litige à la postérité qui, une fois terminé le temps de la servitude, et une fois la liberté recouvrée, remerciera, si je ne me trompe, la juste information.

XVII. Sciolus, Barbarus, Sapiens *

Sciolus. Comme elle s'est mal comporté à notre égard, la Philosophie, qui nous a fait connaître l'enveloppe et a dérobé le noyau à notre vue. Car tout ce qui relève d'une connaissance plus vraie nous a été caché : la rencontre des esprits, l'harmonie de la Nature, la signification des choses, le secret des langues, l'anatomie des créatures, le cours des astres, la médecine liée aux tempéraments, et une infinité d'autres choses que notre admirable fraternité nous a ramenées, et qu'elle a vengées du tort qui leur a été causé.

Barbarus. Je pense que le monde a été assez accablé par Cicéron [38], Aristote [39], Galien [40], Justinien [41], et on n'a pas besoin des radoteurs Maures ou Arabes. Si seulement notre Germanie pouvait n'avoir jamais vu un Reuchlin [42] ni un Erasme [43] ! Nous vivrions mieux, plus sûrement, et plus efficacement en vivant avec la simplicité et la droiture d'autrefois.

Sapiens. Il faut que ta mère ait été une vache pour t'entendre mugir ainsi. Il conviendrait plutôt de prier que la littérature, qui leur doit ses débuts, achève et mène à son terme, ce qui nous manque, en effet, et ce dont seul le *Manifeste* de la Fraternité t'a parlé.

Barbarus. Si on accédait à mes prières, je demanderais

* Le Demi-Savant, le Barbare, le Sage

de toute façon la mort de la littérature qui nous a apporté tant de doctrines sur l'essentiel, que nous croulons sous l'avalanche des livres.

Sciolus. A l'étable ! A l'étable ! Car tu n'es bon qu'à manger du foin.

Sapiens. En effet, la littérature a son lever et son coucher. Car, ayant eu une renaissance avant le siècle, elle vieillit jusqu'à quel point je ne sais, mais elle est déjà assez gâteuse. Nous devons en attribuer la faute à quelques personnes pointilleuses qui, non contentes d'une solide érudition, ambitionnent une certaine subtilité. C'est une maladie qui atteint les religieux autant que les laïcs, et qui leur fait rechercher je ne sais quelle littérature occulte, hasardeuse, allégorique, mystique, abstraite, basée sur l'harmonie, sans qu'ils atteignent pour autant, et de loin, les anciens Héros.

Sciolus. Si j'ai bien entendu, tu parles de littérature.

Sapiens. Oui, et de ceux qui détruisent la littérature, c'est-à-dire des gens dont tu fais partie.

Sciolus. Des gens qui la détruisent, alors que mon but est en quelque sorte de la faire croître, et que je m'y emploie ?

Sapiens. Certes, mais d'une manière qui la fait tomber dans des pièges très sûrs et dans des ténèbres inévitables. Car cette philosophie que tu trouves trop obscure me fait aussi penser à un antre infernal.

Barbarus. Bah ! Les gens de lettres s'honorent entre eux et se retrouvent seuls !
Sapiens. Ce ne sera jamais grâce à toi que l'on empêchera la religion de retourner à l'obscurité, l'état de retourner aux ténèbres, l'histoire aux vapeurs fumeuses, les arts aux noires nuées, les principes au brouillard, toi qui portes atteinte à ce qu'il y a de plus précieux, les Lettres.
Sciolus. Hem, tu n'as rien de nouveau sur les *frères de la Rose* ?
Sapiens. Ce que je sais, c'est qu'on n'a rien pu proposer à tes semblables de plus apte et même de plus sûr et de plus adéquat pour émousser cette perspicacité dont tu t'enorgueillis.

XVIII. Aeger, Sanus, Medicus *

Aeger. Ô mon Dieu ! Comme l'ostentation de la Médecine est vaine, combien les propositions de cet art sont vaines, puisque depuis tant d'années elle m'abandonne à mes douleurs et qu'elle ne m'apporte même pas l'adoucissement qu'elle promet partout. C'est pourquoi tandis que partout j'ai du mal à respirer, un espoir venu de la nouvelle panacée de cette *Fraternité* se met à briller. Mais l'ignorance de sa résidence et de son siège le rend difficile : je n'épargnerai pourtant pas les dépenses jusqu'à ce que j'obtienne quelque chose de plus sûr et de meilleur pour ma santé.

Sanus. Ta maladie très pénible me pousse, puisque je suis en bonne santé, à rechercher ces frères qui ont entre leurs mains la santé aussi bien que la longévité, si l'on en croit leurs documents : je m'étonne pourtant, d'autant plus qu'ils se targuent de charité Chrétienne, de la dureté avec laquelle ils refusent leur médecine, je ne dirai pas aux gens ordinaires, mais à des personnes tout à fait triées. Et même s'ils sont appelés par beaucoup de gens en pleurs, ils ne se montrent pas.

Aeger. Ils ont, dit-on, leurs propres critères qui indiquent à qui ils doivent porter secours ou à qui ils peuvent

* Le Malade, le Bien-Portant, le Médecin

refuser. Ils disent aussi que le temps n'est pas encore mûr, que ce n'est pas encore la fin du silence sacré. Pendant ce temps, moi je souffre.

Sanus. Mais que dirons-nous, alors qu'ils ont eux-mêmes des moyens de guérir en rapport avec ce qu'ils prétendent ou qu'ils les ont obtenus de quelque réseau humain ? Car s'ils les tiennent de Dieu, nous pourrons aussi le prier. Si c'est pas par leur propre activité, qu'est-ce qui nous empêche d'essayer d'en faire autant ?

Aeger. Ah ! Ne me rappelle pas ces essais qui ont mis à plat mon propre corps ! Et hélas ! Voilà notre médecin.

Medicus. Bonne santé !

Aeger. Pourvu ! Pourvu que ce soit le cas, même si c'est grâce à toi.

Medicus. Crois-moi, si le corps se pliait à mes ordres, il y a longtemps que j'aurais chassé ta maladie. Mais l'infortune qui atteint un corps humain est trop grande pour que l'on puisse la corriger par quelque habileté terrestre ou même quelquefois qu'on puisse l'adoucir. En effet, le mal est trop grand, le poison trop violent, pour céder aux pharmaciens, et le pouvoir de la mort trop fort pour que la main du médecin puisse lui résister. C'est pourquoi, si nous ne traitons pas sous l'autorité de Dieu la nature, qui étant à son service attend donc la volonté et l'accord de Dieu et lui obéit, elle ne cède pas à celui qui n'est pas d'accord avec Dieu.

Aeger. Voilà trois raisons de fuir pour n'être pas forcé de montrer quelque chose de semblable à des Rosicruciens.
Medicus. Au nom de Dieu, sors de ton esprit cette ineptie : croire que cette terre où le mal domine encore, où l'on indispose Dieu chaque jour, où la vie des hommes ne suit plus la raison, et où le Monde, enfin, décline à cause des fautes commises par les mortels, croire que cette terre a reçu en cadeau la médecine pour supprimer la sentence de Dieu et nous remettre dans quelque voluptueux paradis, alors que même le fouet ne peut pas nous changer.
Aeger. Que faisons-nous ?
Medicus. Toi, prends soin avec prudence de ta santé ; lui, il adoucira sa maladie grâce à de sains conseils.

XIX. Vagans, Desiderans, Exspectans *

Vagans. Où aller maintenant ? J'ai été à Francfort, à Lucerne, à Amsterdam, à Leipzig[44], à Rostoch, et dans beaucoup d'endroits. On m'a dit d'y aller, et je n'ai pas trouvé cette gent fortunée.

Desiderans. Aussi te reste-t-il les Iles Fortunées elles-mêmes ou, ce qui est plus sûr, Fez[45], Damcar[46], et tous les endroits où a eu lieu un prodige.

Vagans. C'est plus facile et plus rapide à dire qu'à faire. Pourquoi en effet, s'ils étaient proches, ne voudraient-ils pas qu'on les voie ? Pourquoi, si on pouvait les voir, ne voudraient-ils pas qu'on les connaisse ? Pourquoi, si on les connaissait, s'évaporeraient-ils et disparaîtraient-ils ? Quant à moi, vais-je courir les mers au péril de ma vie ?

Desiderans. S'il y a en eux une parcelle d'humanité, ils ne laisseront pas sans résultats tant de souffrances, de trajets, un si grand désir. Bien loin de laisser nos vies en danger, ils seraient prêts, c'est sûr, à mourir pour cela.

Vagans. Il y a une considération qui m'épuise presque : je rencontre presque partout des gens injustes, sévères à l'égard de la fraternité, mais le plus souvent des gens

* L'Errant, le Désirant, l'Attentiste

qui la méprisent ou sont indifférents, si bien qu'il est presque honteux et blâmable, et même dangereux, de la rechercher. Donc pendant que je supporte en silence, pendant que les uns me répondent de manière ambiguë, pendant que d'autres se mettent à rire sans raison, le temps s'en va, mes chaussures s'usent, mon argent s'envole, et mon hésitation grandit.

Exspectans. Que dire de cet homme ? Ce serait étonnant s'ils ne venaient pas de ces étoiles errantes qui ont des périodes irrégulières de pauvreté.

Vagans. J'espère que tu vas bien.

Exspectans. Et moi je te souhaite une bonne santé.

Vagans. Moi je te souhaite un heureux déplacement.

Exspectans. Et moi un repos mérité.

Vagans. N'y a-t-il rien chez vous de rare, de remarquable, de précieux ?

Exspectans. Si. Un homme sage, c'est rare. Un homme pieux, c'est remarquable. Un homme de bien, c'est précieux.

Vagans. Ce n'est pas ce que je veux dire. Mais cette terre ne nourrit-elle aucun héros ?

Exspectans. Un grand nombre, si nous en croyons les vantards.

Vagans. Tu ne me comprends pas. N'y a-t-il parmi vous aucun Maître de la Nature ?

Exspectans. Pourquoi n'en serait-il pas ainsi puisque nous croyons en Dieu.

Vagans. Tu ne me suis pas encore. Est-ce qu'il y a parmi vous un maître de l'art ?

Exspectans. En tout cas, il y a quelqu'un qui a récemment fait de l'or avec du fumier.

Vagans. Hein ! Que dis-tu ! Hein !

Exspectans. Comme si chez toi les paysans ne savaient pas en faire autant !

Vagans. Tu te moques de moi. Mais apporte-moi l'or, s'il te plaît. *N'y a-t-il pas parmi vous des Rosicruciens ?*

Exspectans. Bah ! C'est ta tête qui divague, à moins que ce ne soient plutôt tes pieds qui soient à plaindre ! Puisqu'ils sont esclaves de ta recherche et de ta quête.

Vagans. Ne seras-tu prêt à aucun sacrifice pour une tâche si nécessaire et d'un si grand intérêt. Car si un jour je trouve ce que je veux, toute la peine, toutes les fatigues, seront largement récompensées.

Exspectans. Mais tu n'as pas la patience de rester chez toi et d'attendre ces frères. Il te faut courir au devant d'eux, même sur une route où ils ne s'aventureront peut-être jamais.

Vagans. Qu'ils voient mon empressement et qu'ils l'apprécient.

Exspectans. Pour moi, je trouve que c'est un sort bien malheureux que le tien : il te fait parcourir la terre sans que cela te serve à toi-même, ni que tu apportes quelque chose pour le bien commun.
Vagans. Cela arrivera lorsque j'aurai atteint mon but.
Exspectans. Sans doute. Mais tu es dans un cercle qui commence là où il finit.

XX. Atheus, Superstitiosus, Christianus *

Atheus. C'est un fait que la Religion, qui entraîne les hommes comme par un charme là où elle veut, crée assez d'épouvantails pour que nous n'ayons pas vraiment besoin de ces frères de la Rosace qui nous proposent de nouvelles fables.

Superstitiosus. J'ai toujours eu l'espoir que nous reviendrions une nouvelle fois à cette vertu merveilleuse qui semble avoir manqué ces derniers temps. S'ils nous la redonnent comme on en a publiquement des exemples au milieu de nous, tu te repentiras, j'en suis sûr, de tes attaques ou de l'audace avec laquelle tu rejettes tout respect pour la religion.

Atheus. Bien au contraire, je rends hommage à ta superstition qui par horreur d'une seule brillante fiction te pousse vers n'importe quel assujettissement, si bien que tu entoures de tout ton respect une peinture du ciel et que tu es prêt à payer n'importe quel prix pour fuir une peinture de l'enfer.

Superstitiosus. Mais qui serait assez imprudent, alors qu'il a vu que la Nature était dominée et que tombaient du ciel des choses presque sacrées et stupéfiantes, pour oser dire que c'est un hasard et que c'est tout à fait naturel ? Et parce que c'est très fréquent chez ces frères, qui ne les honorerait et ne les respecterait, eux qui, c'est

* L'Athée, le Superstitieux, le Chrétien

un fait, dominent toutes les créatures, possèdent toutes les ressources naturelles et surnaturelles, eux qui sont les amis des bons esprits et les ennemis des mauvais, et qui ont réellement régné sur le monde ?

Atheus. Comme tu dis avec élégance des fadaises, comme si tu étais revenu des Champs Elysées avec Enée [47] ou du paradis avec Mahomet !

Christianus. Cet homme, qu'a-t-il à faire avec Mahomet ?

Superstitiosus. Tu tombes bien pour désapprouver avec moi le manque de respect de cet homme envers les Saints Rosicruciens.

Christianus. Arrière ! Tu en fais de nouveaux Saints alors que nous venons d'écarter ces Pontifes !

Atheus. Ah ! Ah ! Ah ! As-tu ce que tu voulais ?

Christianus. Nous n'en honorons pas moins les vrais saints dans les cieux et nous chercherons à les égaler autant que nous le pourrons, toute notre vie.

Atheus. Donc il reste encore pour toi des petits saints ?

Christianus. Et surtout le Saint des Saints, qui souvent frappe ton cœur, presse ton regard et pique ta conscience, quels que soient les méfaits que tu caches, prêt à réduire un jour à l'impuissance ta bouche impure.

Atheus. Tu profères beaucoup de menaces.

Christianus. Mais non, ce sont le ciel et la terre qui te menacent, et tu ne leur échapperas pas si tu ne reprends pas tes sens.

Atheus. Ce serait vraiment étonnant que tu ne sois pas frère Rosicrucien, toi qui partages les secrets du ciel et de la terre.

Christianus. Laissons ces balivernes et tout ce qui détourne du Verbe de Dieu vers les voies ambiguës de la curiosité.

Superstitiosus. Pas du tout. Ils s'occupent particulièrement de cette parole et l'expliquent de façon tout à fait divine.

Christianus. Il n'y a rien de réel qui ait vu le jour. Ce n'est que pure vantardise tant que des bouffons variés et divers se moquent avec une extrême impudence de la religion et du Christianisme ou avec une piété monstrueuse qui, pour dire plus vrai, n'est qu'une impiété tout à fait évidente.

Superstitiosus. Toi, tu suis les Weigeliens [48] !

Christianus. Que tous ceux qui rêvent d'extase, d'esprit détaché du corps, de lévitation, qui bouleversent par des phrases incroyables tous les articles de la foi, qui font avaler des idées épouvantables sans aucune référence à Dieu, qui prétendent qu'ils partent du centre en direction de toutes les sciences, qui disent du mal de tous les bons et fidèles serviteurs de Dieu, examinent si leur conscience d'abord, le jugement de Dieu ensuite, les approuvent.

XXI. Decoctor, Avarus, Frugalis *

Decoctor. La source de mes plaisirs était déjà entièrement tarie, exsangue et squelettique. C'était la pauvreté, et avec la pauvreté la honte, et avec la honte le travail, et avec le travail la souffrance et toutes les choses pénibles dont m'avaient menacé d'autres compagnons malfaisants, et voici, courage, qu'arrivent ces frères richissimes ; pour eux, c'est bien peu de choses de m'intégrer.
Avarus. Oses-tu attendre le secours de frères à qui Dieu n'aurait même pas permis que l'on verse quoi que ce soit pour assouvir la soif, tellement, leurs tonneaux sont percés et peu étanches ? Quant à moi qui, soumis à la petitesse de mon patrimoine, ai redressé par un travail sans relâche ma mauvaise position, et qui ai amassé quelques maigres biens contre la colère ou la mauvaise foi de la fortune, j'attends avec une grande confiance les frères, qui favoriseront un jour heureusement à ma parcimonie.
Decoctor. Ils n'auront jamais agi plus impitoyablement que s'ils ajoutent quoi que ce soit à tes richesses. En effet, plus tu auras, plus tu manqueras, plus ta faim et ta soif augmenteront, plus tu auras de charges et de tourments, plus tu te cacheras soigneusement,

* Le Prodigue, l'Avare, le Frugal

te privant de toute relation et de tout agrément avec les gens. Quant à moi qui, je crois, suis né pour la compagnie de tous les hommes, je fais en sorte que rien ne tombe entre mes mains qui ne soit ou ne devienne le bien commun de la Nation. C'est pour cela que j'ai une foule d'amis et de connaissances, plus que les personnes de ta maison.

Frugalis. Je dirai que c'est un signe : je tombe en même temps sur quelqu'un qui dépense son argent et sur quelqu'un qui le garde.

Decoctor. Bravo ! Compagnon, où allons-nous pour boire ?

Frugalis. Il te reste donc de l'argent ?

Decoctor. L'argent d'un trésor intact. De plus, on m'a prédit que tous les biens de cet Euclion [49] me reviendraient.

Avarus. La fourche, la corde, les crocs !

Decoctor. Cette Fraternité de Crassus [50], Crésus [51], Chrysis [52], fait espérer avec certitude quelques talents ou quelques mines ou quelques onces d'or très apprécié et de la meilleure qualité.

Frugalis. Changes-tu d'avis au point d'avoir moins d'espoir en ton opulence future ? Que ne cherches-tu plutôt à gagner, en renonçant à tes flots de dépense, de quoi te nourrir convenablement et t'habiller décemment ?

Decoctor. En travaillant ? Il n'en est pas question.

Frugalis. En priant, en travaillant, en économisant, en partageant, en répartissant ton argent et en le faisant prospérer.

Decoctor. On ne m'a jamais appris ce jeu.

Avarus. Que ne laisses-tu ce cas désespéré ?

Frugalis. Je ne sais lequel de vous deux est le plus atteint. Toi, tu sembles certainement plus malheureux.

Avarus. Moi qui gère mes affaires et les fait prospérer ?

Frugalis. Oui, mais en tout cas ce qui te manque toujours, c'est la conscience et le bon sens.

Decoctor. Buvons.

Frugalis. Vivons.

Avarus. Possédons.

Frugalis. En tout cas, l'un ne veut jamais vivre et l'autre jamais mourir.

Decoctor. Je vivrai lorsque je partagerai la victoire de la Fraternité.

Avarus. Mais moi, je borne mes richesses à leur libéralité.

Frugalis. Ô insensés ! Qui attendez dans le doute, d'un autre homme, ce que vous obtiendriez à coup sûr de vous-mêmes ! Car rien ne manquerait à une vie organisée selon des principes de modération, mais sans les éléments de luxe que vos fameux frères vous pousseront à avoir, même s'ils sont sobres.

XXII. Assentiens, Philautus, Contentus *

Assentiens. Remercierons-nous jamais assez dignement ceux qui grâce à leur enseignement nous permettent de porter un regard érudit, raisonnable, méthodique, sur la scène de notre monde pour savoir et distinguer ce que Dieu a voulu nous confier sur cette terre.

Philautus. Si je dois quelque chose, je le dois à la Nature qui, sans aucun autre maître, m'a introduit dans ses mystères, grâce à mon intelligence féconde et pénétrante. Et en effet, comme mon esprit s'élève toujours plus haut, il s'enfonce toujours plus profond que ne pourrait lui permettre la stupidité des pédagogues. C'est un fait, je pense, que je plairai à cette Fraternité qui en une lettre empreinte d'une grande bonté m'invite chez elle et me propose spontanément de me communiquer tous ses secrets.

Assentiens. Tu crois donc qu'il existe quelque chose de plus difficile à pénétrer et de plus profond que ce que nos précepteurs ont dévoilé ?

Philautus. Bah ! Que tu es naïf ! Tu ne sais pas que ces pauvres hommes n'ont distingué que l'enveloppe externe de la vérité qui est enfouie. Mais à nous, qui sommes nés pour connaître le bonheur de cette époque, ils ont laissé les fibres elles-mêmes et la moelle de tous

* L'Approbateur-perpétuel, le Complaisant-avec-lui-même, le Satisfait

les arts et de toutes les disciplines à disséquer et à observer. Tu as les sept nouvelles merveilles du monde, pour montrer combien il est important de relier le ciel à la terre pour que soient accomplies des choses incroyables.
Contentus. A mon avis, si les maladies ne sont pas toutes guérissables, elles sont en tout cas supportables, sauf la complaisance envers soi-même qui est la seule à se laisser moins bien soigner que la folie : effectivement, elle imprègne tout ce qui se trouve sur son passage ou qu'on lui présente, et fait un immense carnage. Mais surtout, ne laissons rien à sa portée.
Philautus. Depuis longtemps déjà j'avais noté les erreurs et les défauts de notre monde, et j'avais moi-même pensé à des remèdes appropriés, même avant qu'on entende parler de la Fraternité. Maintenant, cependant, je n'empêche nullement qu'ils exposent aussi leur avis, que je pense peu éloigné du mien, étant donné qu'il est gouverné et dirigé par le même esprit.
Assentiens. Je ne suis pas tes magnifiques paroles.
Contentus. Pourtant, moi, je crois qu'il en fait partie, lui qui par des écrits médiocres, avec un talent médiocre, et même nourri de chimères, s'en prend à quelques petites taches des comportements humains. Cependant, il ne les comprend pas du tout et ne peut nullement les enlever, étant de ces médecins dont les remèdes sont

plus pénibles que la maladie et dont le vain bavardage perturbe plus sa tête épuisée que le malade.

Philautus. Il faut que je signale aussi cet homme.

Contentus. Je t'en prie, mentionne-moi dans tes notes ; je suis un homme qui a appris grâce à une longue expérience. Voilà comment j'apprécie la plupart des gens qui jugent notre situation : si on s'en remet à eux pour la corriger, elle sera pire encore.

XXIII. Spermologus, Mateologus, Theologus *

Spermologus[53]. Quiconque dit que le Monde joue une pièce a tout à fait raison. Car dehors tout n'est que décor tragique et paroles pompeuses. A l'intérieur tous les rideaux sont abandonnés, jetés pêle-mêle, déchirés. Si bien que par moments j'ai du mal à ne pas rire lorsque les hommes doivent être effrayés. Car comment dire que j'ai été envoyé alors que c'est de moi-même que je cours ? Comment m'acharnerais-je contre le Monde que j'habite ? Comment dirais-je du mal du ventre dont je suis l'esclave ? Comment mépriserais-je l'or qui m'est plus cher que la vie ? Comment recommanderais-je la croix et la mort pour lesquelles j'éprouve de l'horreur ? Comment révélerais-je le ciel alors qu'il n'y a rien de commun avec lui. Et pourtant la force des paroles est telle que je persuaderai les autres de faire ce qu'ils voient que je désapprouve. Ce qui me plaît réellement, je pourrais le rendre détestable aux autres.

Mateologus[54]. Il est étonnant qu'en ce siècle très brillant on tolère encore la Théologie naïve qui n'est attachée qu'à la lettre, mais qui ne goûte pas l'esprit, ne pénètre pas les voiles mystiques. Mais si seulement on nous rendait un Origène[55] qui nous expliquerait le triple sens

* Le Perroquet, le Scientiste, le Théologien

de l'Ecriture et retirerait les voiles du tabernacle, ou ouvrirait les sceaux du livre fermé ! Alors enfin il serait agréable de lire les livres sacrés.

Spermologus. N'y a-t-il en toi que nuit * ?

Mateologus. N'y a-t-il en toi que bruit ?

Spermologus. Es-tu un devin ?

Mateologus. Es-tu un imitateur ?

Theologus. Ce sont les mêmes salades dans ces bouches ! Christ très bon, qu'il est dangereux de vivre près d'un mercenaire ou d'un fanatique. En effet pendant que l'un défigure avec une légèreté pleine de ressources la position qu'il prend, l'autre met à la place de la vérité unique les songes qu'il fait ; le malheureux troupeau a toujours de quoi se plaindre, regretter, être embarrassé.

Spermologus. Voici notre Censeur, notre critique. Si nous le suivons, nous changerons les honneurs en obscurité, le vin en eau, le plaisir en supplices.

Mateologus. Il faut lui faire grâce de cette erreur. Il pèche en effet par simplicité, pour ne pas l'accuser d'ignorance.

Theologus. Ton jugement me plaît. Je prie Christ d'être gardien perpétuel de la simplicité. Tandis que, dans votre duplicité, votre bouche fait penser à Dieu, mais votre cœur au monde, votre langue à Christ, mais votre main à Mammon [56] , votre visage à un agneau, mais votre

* Pour traduire *nox* et *vox* en gardant une similitude de syllabes

ventre à un loup ; tandis que vous prétendez à l'esprit avec votre charte, à l'humilité avec votre corde, au souffle du vent avec votre voix, au flot* d'un fleuve avec votre prière, au miel des abeilles** avec vos paroles, aux festins avec vos herbes, sans aucun doute, vous avez suscité l'image de cette fameuse fraternité, ou du moins vous l'avez agrandie, mais vous pesez sur l'Eglise, qui écoute plus facilement ceux qui promettent une vie mieux réglée et des paroles plus saintes. La foule ouvre ses oreilles aussi bien aux scandales qu'aux balivernes et fait entrer dans son sein toutes sortes d'idées idiotes, pour ne pas dire dangereuses et nuisibles. Ceux qui ont vraiment une conscience vous abandonnent et ne trouvent nulle part d'abri assez sûr. Ceux qui ont du cœur vous contredisent et s'en vont ailleurs. Ceux qui sont particulièrement sérieux et que vous avez circonvenus se méfient de tout. Enfin, les serviteurs de Christ, harcelés par vous, lorsqu'ils ne s'appuient pas autant sur la force de l'esprit de Dieu s'amollissent.

*Jeu de sonorités : *voice flamen* et *prece flumen*

**Jeu de sonorités intraduisible : *verbis apes* et *herbis dapes*

XXIV. Politicus, Tyrannus, Rex *

Politicus. Puisqu'il n'y a aucun être plus fuyant que l'homme, aucun non plus ne peut être maintenu ou enfermé plus difficilement que lui dans des fers. Aussi celui qui ne sait pas à partir de tout sujet faire un maillon ou un élément de cette fameuse chaîne du raisonnement politique essaiera en vain d'entraîner les hommes vers son point de vue. Mais qui prend honnêtement pour règle de s'en tenir à la *Raison* et s'en sert habilement à travers toutes sortes d'exemples, celui-là seulement exerce un pouvoir sur les mortels.

Tyrannus. Eh ! Tu ne sais pas qu'il suffit de la force et des menaces pour brider les peuples, aussi indomptables soient-ils : personne n'ose ouvrir la bouche contre la volonté et les ordres du Maître absolu. Mais tous s'inclinent et acceptent ses prescriptions et ses injonctions.

Politicus. Pour moi, il n'est pas satisfaisant de forcer par la violence les hommes à agir contre leur gré. Ils explosent facilement quelque part et transforment leur patience mise à bout en fureur, s'il n'y a pas quelque flatterie ou des attraits ou quelques sifflements d'approbations pour pouvoir tempérer les fortes natures.

Rex. Plus Dieu me guide sous les rênes du pouvoir, plus je vois que j'ai besoin de l'aide du ciel, de son

* Le Politique, le Tyran, le Roi

attention vigilante, scrupuleuse, prudente, de la bonté Chrétienne, de la modestie philosophique, de la modération politique, et pour tout dire, de l'émulation de la Puissance suprême. Car, alors qu'il y a chez les hommes tant de bonnes raisons de douter, d'hésiter, de blâmer, de transformer, de chercher, d'espérer, de lutter, de plaisanter, de se plaindre, il y a une aussi ample matière à désaccords, qu'on en est arrivé à cette invention sans égale de je ne sais quelle Fraternité ; il faut être au-dessus de l'homme pour diriger parfaitement les hommes, ce que n'obtiendront réellement ni un Politique versatile, ni un dirigeant violent, puisque Dieu se moque de l'un, déteste l'autre, esquive et abaisse l'un et l'autre. Mais celui qui respecte vraiment Dieu, aime vraiment les hommes, est vraiment en paix avec lui-même, mais, surtout, il reste sous l'inspiration du Saint Esprit, répartit les charges, les exige, les équilibre, de façon à ce que la plupart des sujets fassent bénéficier Christ et que, pour le reste, il ait de quoi vivre commodément et raisonnablement. Mais qu'il se conduise et parle de manière à ce que les gens ne s'écartent pas du droit chemin, même par effronterie. Qu'ils ne soient pourtant pas réduits par les menaces ou la prison à murmurer, garder le silence, siffler, faire des signes ou exposer, peindre, représenter, décrire par quelqu'autre moyen caché leur souffrance réelle et leur indignité et leur honte d'accusé. Ainsi, que Dieu nous donne des choses vraies, bonnes, saines, raisonnables ! Mais qu'il éloigne de nos frontières ce qui est faux, artificiel, frivole, vain, corrompu, malhonnête, nuisible, le plus loin possible !

XX V. Fama, Obstinatus, Resipiscens *

Fama. On s'est assez et même trop moqué des hommes. Libérons enfin ceux qui sont enfermés, affermissons ceux qui sont irrésolus, redressons ceux qui tombent, rappelons ceux qui se sont détournés, guérissons les malades. Eh ! Mortels ! Il n'y a aucune raison pour que vous attendiez la *Fraternité.* La *pièce* est finie. C'est la *fama* qui l'a créée, c'est la rumeur qui l'a détruite. La rumeur affirmait ; la rumeur nie. *Qui que vous soyez, curieux ou paresseux, scrupuleux ou sans-souci, inconstants ou inertes, astrologues ou numérologues, plaignants ou avocats, souffleurs ou foule, mendiants ou imposteurs, hypocrites ou impies, écrivains ou lecteurs, oisifs ou travailleurs, complaisants ou moroses, admirateurs ou contempteurs, crédules ou soupçonneux, auditeurs ou spectateurs, déformateurs ou réformateurs, demi-savants ou barbares, malades ou bien-portants, errants ou désirants, athées ou superstitieux, dépensiers ou avares, dépendants ou égocentriques, perroquets ou égarés, politiciens ou tyrans, obstinés ou repentants,* que cela vous profite et à moi aussi, applaudissez.

Obstinatus. Elle, la Fama, s'en va. Nous, que faisons-nous ?

* La Fama, l'Obstiné, le Résipiscent

Resipiscens. Quoi si, après cela, nous ne redonnons pas du goût à tout ce que nous avons rendu insipide pour notre honte ?

Obstinatus. Ainsi, tant de paroles brillantes et vraisemblables ne seraient rien ?

Resipiscens. C'est ce que dit la *rumeur.*

Obstinatus. Ainsi ce dévouement et cette discrétion nous auraient-ils abusés ?

Resipiscens. Oui, la rumeur le dit.

Obstinatus. Ainsi, tant de témoins et de dialecticiens dignes de foi nous auraient-ils trompés ?

Resipiscens. Oui, la rumeur le dit.

Obstinatus. Ainsi tant de gens pleins de finesse auraient-ils été trompés.

Resipiscens. Oui, la rumeur le dit.

Obstinatus. Tu n'aboutis à rien ô rumeur changeante qui retires ce que tu as dit, toi qui vise à m'arracher le bonheur espéré. Mais tu ne me détourneras pas avec des verges*, à plus forte raison avec ton verbe*.

Resipiscens. Je ne sais combien la rumeur m'a transformé tout entier. Je commence à rejeter cette attente de mon esprit. Pourtant, une seule préoccupation me brûle. A mon avis, on n'est pas assez attentif et on ne distingue pas bien parmi ces écrits ceux qui sont sortis sous le nom de la fraternité. En effet, il y en a qui sont

* Jeu de sonorités entre *verberibus*, verges, et *verbis*, paroles

ouvertement des amusements, d'autres qui sont mélangés, d'autres qui sont sans valeur, d'autres artificieux, d'autres cependant pieux et respectueux.

Tous ont un parfum d'érudition, très grand chez quelques-uns ; l'un ou l'autre sent l'imposture flagrante. Si on les confond, ou qu'on les estime de la même valeur, on se trompe sans nul doute. Ainsi ce serait en effet approuver le Monde et rejeter Christ, louer la vanité et réprouver la profondeur, estimer l'imposture et négliger la raison, vanter le mensonge et rejeter la vérité. C'est pourquoi bien que je laisse de côté, c'est vrai, l'association à la fraternité, je n'abandonnerai jamais la vraie *Fraternité chrétienne* qui exhale son odeur de *Rose sous la Croix* et s'éloigne le plus possible des souillures, des confusions, des folies, des vanités du monde. Mais j'aspire à y entrer avec n'importe quelle personne pieuse, noble et sage.

Obstinatus. Personne ne pourrait me persuader que cette société n'est pas ornée des plus grandes qualités, constituée des lois les meilleures, soutenue par des richesses très abondantes, aussi n'avons-nous nullement besoin d'en examiner une pauvre et faible.

Resipiscens. Vivons sous la houlette de Christ, qui nous prescrit assez abondamment ce qui plaît à DIEU, et ce qui est avantageux pour l'âme. Cependant, nous pouvons nous étonner :

1. des ressources infinies de l'intelligence humaine capable d'innombrables tentatives audacieuses ;
2. de l'opposition invisible des mortels qui se cache sous le voile de la foi et essaie d'arriver à ses fins par des feintes variées ;
3. de la curiosité téméraire qui s'offre à toute chose inconnue s'il y a quelqu'un pour la publier ;
4. de l'effronterie du calame qui débite toutes sortes de fadaises avec artifice et qui, avec l'espoir de l'impunité, se déchaîne complètement ;
5. des dangers de l'oisiveté qui occupe l'âme de bêtises et de fables de toutes sortes et l'éloigne des vrais devoirs de l'humanité ;
6. des inventions aussi, qui permettent à la pauvreté de s'opposer à la faim et à l'infamie et la pousse à l'abîme ;
7. du zèle intempestif de certains, de l'ostentation encore prématurée de l'esprit qui entreprend de juger les choses inconnues non sans se rendre ridicule ;
8. de la renommée des hommes qui méprisent facilement la tradition et que réjouissent les nouveautés, aussi extravagantes qu'elles soient ;
9. du développement des bagatelles et des choses les plus insignifiantes qui peuvent transformer une étincelle en un incendie ;

10. des nombreuses divergences de jugement sur nos affaires, même entre ceux qui semblent entièrement d'accord pour partager la même Religion, la même Politique, bien plus les mêmes règles ;
11. de la faiblesse des connaissances en Lettres et en Sciences chez beaucoup de ceux que la foule considère comme les plus grands Sages ;
12. de la vanité de la plupart des réformes qui consistent en paroles plutôt qu'en actes ;
13. du conflit entre la vérité et l'opinion ; de la victoire des passions de cette dernière sous l'apparence de la sagesse, de la victoire de l'autre sous la simplicité ;
14. surtout, du terrain glissant de la confiance et des fondements peu solides des choses importantes dans le monde ;
15. des étincelles de bonté et de droiture qui se cachent, comme ensevelies sous les habitudes chez la plupart des gens ;
16. des blessures de la société humaine, qui viennent plus de l'opinion que du destin ;
17. des paradoxes du royaume Chrétien, de l'opposition des actes et des lois du monde au ciel tout entier, et d'autres exemples qui viendront à l'esprit et qu'on peut observer pendant qu'on joue cette comédie.

Obstinatus. Je suis certain que les *Frères* sont cachés, et je suis décidé à suspendre mon jugement sur eux, et à négliger celui des autres.

Resipiscens. Mais moi, qu'ils existent ou qu'ils n'existent pas, tant que je ne sais pas plus l'un que l'autre, je m'efforcerai d'être moi-même un frère de *Christ*, et de tous les meilleurs *Chrétiens*. Je pratiquerai la Religion de Christ. Je respecterai la Politique de Christ. J'aimerai la Science Chrétienne. J'embrasserai la morale Chrétienne. Je jouirai des roses des Chrétiens. Je porterai la *Croix* des chrétiens. Je respecterai la ligue chrétienne. J'obéirai à la *Doctrine Chrétienne*. Je vivrai en Chrétien. Je mourrai en Chrétien, et voilà ce que je leur dirai :

JÉSUS EST TOUT POUR MOI.

d'après Albrecht Dürer, Tête de Christ couronné d'épines

d'après Albrecht Dürer, Mains d'Apôtre

NOTES & COMMENTAIRES

[1] John Warwick MONTGOMERY. *Cross and Crucible, Phoenix of the Theologians, Johann Valentin Andreä, 1) Andreä's Life, World View, and Relations with Rosicrucianisme and Alchemy, 2) The Chymische Hochzeit.* Martinus Ninjhoff, The Hague, 1973.

[2] Catalogue de son 400e anniversaire : *Johann Valentin ANDREÄ (1586-1654), Leben, Werk und Wirkung eines universalen Geistes, Ausstellung zum 400. Geburtstag, in Zusammenarbeit der Evangelischen Kirchengemeinde Calw, des Evangelischen Archivs Stuttgart und der Grossen Kreisstädte Calw, Herrenberg und Vaihingen an der Enz,* bei Kommissionsverlag Bernhard Gengenbach, Bad Liebenzell, 1986.

[3] Johann Valentin ANDREÄ, *Les Noces Chymiques de Rosecroix Chrétien,* suivi de *Christianopolis* et de *Theophilus,* traduction Claude GILQUIN, L'Harmattan, Paris, 1998.

[4] C. G. WEDGWOOD. *The Thirty Years War,* Jonathan Cape, 1938, Penguin Books, London, 1957.

[5] *Les Noces Chymiques de Christian Rosencreutz, par Jean-Valentin Andreae,* traduit pour la première fois de l'Allemand, précédé d'un avant-propos et suivi de commentaires alchimiques par AURIGER, Notice bio-bibliographique par Paul CHACORNAC, orné du portrait de l'auteur, *Les Ecrits rosicruciens,* Paris, Librairie générale des Sciences occultes, Chacornac frères, 11 quai Saint-Michel, 1928.

[6] Lobsang RAMPA, *Le Troisième Œil,* J'ai Lu, Paris, réédition 1985.

[7] Ami intime de J. V. ANDREÄ, Heinrich HEIN est établi à Rostoch au moment de la rédaction de la *Turris Babel.* C'est une ville dotée d'une Université fondée en 1419, et qui fut aux XVIe et XVIIe siècles une citadelle du Luthéranisme, avant de s'effondrer à cause

de la Guerre de Trente Ans. H. HEIN aurait été le promoteur d'une cité idéale, *Antilia*, différant de la *Christianopolis* d'ANDREÄ en ce que son auteur, PÖHMER, projetait de la créer réellement, si un lieu convenable pouvait être trouvé.

[8] Le Bureau des Longitudes nous fait savoir : « Le 17 Décembre 1603, Jupiter et Saturne étaient en conjonction. Leur distance angulaire était de 0° 99. A cette date, Mercure était à 3° 5 de Jupiter et Saturne. Au cours des jours suivants, Jupiter et Saturne, ayant des mouvements lents, sont restés très proches, et Mercure s'est rapproché. Le 23 Décembre 1603, les trois planètes, Mercure, Jupiter et Saturne étaient au maximum à 1° 21 l'une de l'autre, phénomène observable avant le lever du soleil ».

[9] Naométrie : ναοζ = temple
Naologie = étude des édifices sacrés.
Naometry, rare, exemple de JOHNSON en 1626 : « What is that ?», « The measuring of the Temple». (*The Oxford Dictionnary*, 2nd edition, Clerendon Press, Oxford, 1989)

[10] *Abbas* = Abbé, chef d'une communauté religieuse, et, dans le contexte, certainement JOACHIM de FLORE, ou GIOACCHINO da FIORE, mystique italien (v. 1130-1202) . Moine cistercien, puis Abbé de Corazzo, il fonda en 1809 l'ordre dit « de Flore », qui disparut au XIVe siècle. Saint JOACHIM est surtout célèbre pour sa doctrine théologico-historique exprimée dans de nombreux ouvrages, parmi lesquels la *Concorde des deux Testaments, Commentaires sur l'Apocalypse*, selon laquelle le monde était arrivé, après le règne du Père et du Fils, à celui de l'Esprit. Défenseur des pauvres, il inspire les « Spirituels » en révolte contre la Papauté.

C'est le plus célèbre des *Millénaristes*, et ses thèses n'ont jamais figuré à l'Index des ouvrages condamnés à Rome. Mais sa doctrine *trithéiste* et l'*Evangile éternel* furent condamnés respectivement aux Conciles de Latran (1215) et d'Arles (1260) . Ses disciples trouvent dans l'*Evangile éternel* l'argumentation structurée de leur futur « Règne du Paraclet » . Ils découvrent quatre Ternaires, c'est-à-dire trois états de l'homme, du temps, de la doctrine, et enfin du mode de vie. Le premier Ternaire, celui de l'Homme, comprend trois ordres, dont en particulier celui des gens mariés, qui correspond à l'Ancien Testament, au Père éternel, et celui des clercs, dont la correspondance est dans le Fils et la plénitude de la grâce. Le Temps et la Doctrine se partagent l'Ancien Testament (le Père) sous lequel les hommes ont vécu selon la chair, le Nouveau Testament (le Fils) , sous lequel les hommes ont vécu entre la chair et l'esprit, et l'Evangile éternel (l'Esprit), règne du Paraclet, sous lequel ils vivent entièrement selon l'esprit. Alors la Vérité se montrera à découvert, les sacrements et tous les signes sensibles du culte cesseront d'exister.

Sous cette doctrine, on retrouve le *Millénarisme* qui sera repris à l'époque de la Réforme par les Anabaptistes, représentés en Allemagne par Thomas MÜNZER, qui se joignit en 1521, à Zwickau, à des paysans révoltés, et qui sera exécuté à Mulhausen, en pays Souabe, en 1525, par Johann BOCKHOLD ou Jean de Leyde, qui tentera d'établir à Münster une théocratie communiste de 1532 à 1535 et fut exécuté.

En 1616, dans sa *Theca Gladii Spiritus,* ANDREÄ écrivait, dans son aphorisme 372, qui se réfère à JOACHIM de FLORE et à Johann TRITHEIM (1462-1516) : « *Abbates Ioachimus et Trithemus, nostro seculo prospectum voluerunt, mais quam suis temporibus* » .

11 Sainte BRIGITTE de Suède (v. 1302-1373) naquit d'une famille de sang royal de Birger, peut-être de la famille BRAHÉ. Elle se maria par obéissance à l'âge de 16 ans, et après avoir mis au monde huit enfants, dont la dernière fut Sainte CATHERINE de Suède, elle vécut avec son époux dans la continence, fit un pèlerinage à Saint-Jacques de Compostelle. Elle fonda le monastère de Wadstena où vivaient soixante religieuses et vingt-deux religieux, qui célébraient ensemble les offices, mais dans des tribunes séparées. Les religieuses

avaient l'administration du monastère, les religieux étaient chargés de tout ce qui concernait le spirituel. Elle leur donna la règle de Saint AUGUSTIN, et cet Ordre, du Saint Sauveur, fut approuvé en 1370, et eut une influence dans les pays septentrionaux jusque la Réforme. Cette mystique fut surtout connue par ses *Révélations*, plusieurs fois éditées. (*Biographie Universelle*, M. Michaud, Paris, 1857)

12 Vraisemblablement Johann C. LICHTENBERG, présenté dans une notice de *Allgemeine Deutsche Biographie* comme un astrologue de la seconde moitié du XVe siècle, également connu comme CLARAMONTUS, de Clara Monte. Ses dates et lieux de naissance et de mort sont totalement inconnues, mais il aurait été astrologue à la cour au temps de FRIEDRICH III (1440-1493) , et aurait publié à Mainz vers 1488 des écrits prophétiques. Plus tardivement, certains astrologues se seraient présentés comme ses élèves. Il serait mort en Alsace à la fin des années 80. Les *Weissagungen*, prédictions, furent rédigées en partie sous le titre *Prognosticatio* et en partie sous le titre *Practica*, furent très connues et estimées, et il y eut jusqu'au XVIIe siècle des éditions en latin, allemand et italien.

13 PARACELSE, ou Théophraste BOMBAST de HOHENHEIM (1493 Suisse – 1541 Salzbourg) , médecin et chimiste suisse qui parcourut l'Europe, consultant Universités, barbiers, alchimistes et magiciens. Il souhaita réformer la médecine de son temps, dont les principes lui paraissaient incertains, et il fut appelé à enseigner la médecine à l'université de Bâle en 1527 ; il y fit ses cours en langue allemande, présentant des théories innovatrices appuyées sur l'observation de la nature, attaquant ses devanciers, allant jusqu'à brûler en chaire les écrits de Galien et d'Avicenne. Cette attitude lui valut de fortes inimitiés et une vie d'errance.

Il est curieux de constater que, quoique dans ses écrits il combattit fortement l'astrologie, les pratiques superstitieuses, l'art de faire de l'or, l'explication des phénomènes de la nature par l'intervention des esprits ou de forces occultes, ses ennemis et ses partisans s'obstinèrent à le déclarer adonné aux pratiques de magie. Après sa mort, nombre d'élucubrations lui furent attribuées, en sorte qu'il apparaît tantôt comme un esprit net qui atteint la vérité avec une sagacité admirable, tantôt comme un génie confus s'exprimant dans un galimatias insensé.

PARACELSE est cité par son prénom dans la *Fama Fraternitatis*. Mais il est précisé qu'il n'appartint pas à l'Ordre.

14 Guillaume POSTEL apparaît un bien curieux personnage, présenté comme un humaniste français né en 1505 ou 1510, mort en 1581, et qui, après avoir voyagé en Orient, prêchait la réunion des musulmans et des chrétiens, et dont la grande idée était la *concordia mundi* par la restitution du monde dans Christ.

Une étude plus attentive, appuyée sur la *Nouvelle Biographie Générale depuis les Temps les plus Reculés jusqu'à nos jours* (Firmin Didot Frères, Paris, 1865) et sur les travaux de François SECRET (in *Le Thrésor des Prophéties de l'Univers, Guillaume Postel*, in *Archives Internationales de l'Histoire des Idées*, Martinus Nijhoff, La Haye, 1969) nous enseigne qu'il apprit d'abord l'Hébreux au collège de Sainte-Barbe, puis l'espagnol, et enfin l'arabe. Il rejoignit à Rome les disciples d'IGNACE de LOYOLA, mais il fut bientôt exclu de la compagnie, n'ayant pas renoncé à deux idées, sa vocation à la « Papauté angélique », et celle de la supériorité du Concile sur le Pape, et parce qu'il « s'était mis en tête une foule de visions extravagantes à force de lire les rabbins et d'étudier les astres ». Il fut ordonné prêtre. Il traduisit le *Zohar* et fit un voyage en Terre Sainte, regagnant en 1551 la France, où il reprend sa prédication, en insistant sur la primogéniture du Roi de France à la Monarchie Universelle. Il revint à Venise, où il avait été le directeur de conscience d'une « béate », Mère Jeanne, et il dit en 1552 que « Mère Jeanne, morte pendant le voyage en Orient, lui confère l'immortalité », et il se proclame publiquement « le premier-né de la Mère Jeanne et de son époux Jésus,

Caïn, fils de l'Adam nouveau et de l'Eve nouvelle », et il signe la traduction du *Sepher Yesirah* G. POSTELLUS RESTITUTUS.

Il fut inscrit à l'Index, condamné par l'Inquisition en 1552 pour s'être proclamé le vrai Pape, Pierre Second. Sans doute joua-t-il souvent la folie, en particulier au cours d'un procès en 1555. Ainsi prétendait-il que « Jésus-Christ avait bien donné *l'excellence de la foi* aux apôtres ; mais la foi étant maintenant quasi périe, il nous a donné, et à moi principalement, en lieu de la foi, *imo* avec la foi, la *raison*, vive et souveraine, que jamais les apôtres ne l'eurent ». Il prétendait également que l'on trouve inscrit dans les cieux en caractères hébreux, formés par l'arrangement des étoiles, tout ce qui est dans la nature.

Le XVIe siècle prisa très haut le savoir de POSTEL, mais son œuvre contient bien des contradictions, en particulier en raison d'un changement radical au sujet des musulmans. En 1543, in *De orbis terrae concordia,* MAHOMET est un imposteur ; en 1547, in *Panthenosia*, MAHOMET est un prophète. Et il variera au sujet des musulman, traités tantôt de « semi-chrétiens », tantôt de « semi-juifs ».

15 *Cruciatos* : « croisés », *cruciatus* signifie aussi tortueux, supplice, ou instrument de torture.

16 *Ciniflo,* latin, coiffeur, mais ce terme peu utilisé au Moyen-Âge, véhiculé par les glossaires, est prêt à prendre d'autres acceptions que son sens originel, en particulier semble-t-il à désigner, de façon générique, tout métier de basse condition et peu reconnu. Le latin de la Renaissance a peut-être des idées plus précises sur le sens propre du terme. Le terme apparaît dans *Mittellateinisches Wörterbuch* (C. H. BECK'sche Verlagsbuchhandlung, München, 1959) pour désigner un serviteur qui fait chauffer les fers à friser ; il peut prendre deux sens, celui qui allume le feu, ou le coiffeur. Ce mot est donné dans le *Nouveau Dictionnaire Latin-Français*

(E. Benoist et H. Goelzer, Garnier Frères, Paris, ? 1917) comme équivalent de *cinerarius*, esclave qui faisait chauffer les fers à friser dans les cendres, ou entremetteur, ou encore terme de mépris donné aux chrétiens qui vénéraient les cendres des martyrs. Dans le *Lexicon Latinitatis Nederlandicae Medii Aevi* (Amstelodami, Apud Adolfum M. Hakkert, 1970) comme le friseur, *flo* donnant la notion de souffle ; *conflo* est former par mélange, aviver le feu par le souffle, fondre un métal. La traduction par le *Souffleur* semble être la mieux adaptée.

[17] Grec, *αγψρτα*, la foule.

[18] Evoque le *Nigredo*.

[19] Marcus Licinius Crassus (115-53 av. J.C.), lieutenant de Scylla, il fit fortune grâce aux proscriptions ; puis consul, membre du premier triumvirat, il accrut sans cesse sa fortune et mourut assassiné.

[20] Terme d'Alchimie. Prétendue matière première des métaux. Etymologie arabe *az-zaouq*, le mercure.

[21] Magnétisme, mais aussi, en langage alchimique, la Magnésie de Lydie, ou Marcassite, nom donné aux cristaux cubiques d'une pyrite de fer sulfuré, d'un jaune d'or, assez durs pour être taillés, polis et employés comme objet d'ornement.

[22] Le Premier Décembre était chez les romains le jour de sacrifice destinés à Neptune et à Piéta, offert dans le cirque Flavinius, de la 9e région de Rome.

[23] *Echo* est le nom d'une nymphe qui fut réduite à sa seule voix pour des raisons différentes selon les légendes :
- soit par le dieu Pan, qui la courtisa sans succès et qui, par dépit amoureux, rendit fou des bergers qui la dépecèrent ;
- soit par la déesse Héra, en deux versions : pour avoir lié conversation avec elle, l'empêchant d'observer les amours de Zeus avec d'autres nymphes, ou parce qu'elle avertissait toujours Zeus de l'approche de sa femme : ainsi fut-elle privée de la parole,

à l'exception de la répétition des derniers mots de son interlocuteur ;

- soit encore pour avoir tant dépéri à cause d'un amour non partagé pour NARCISSE qu'il ne resta d'elle que sa voix.

24 *PANDORA* est la première femme de la mythologie grecque. Son nom signifie « celle qui a reçu des dons de tous les dieux ». Elle aurait été envoyée par ZEUS comme « un mal dont ils se réjouiront tous, enveloppant d'amour leur propre souffrance », pour punir PROMÉTHÉE de l'avoir trompé. EPIMÉTHÉE, « l'imprévoyant », épousa PANDORA malgré les avertissements de son frère PROMÉTHÉE, « le prévoyant ». Par curiosité, PANDORA ouvrit une jarre dans laquelle étaient enfermés tous les maux de l'humanité : tous les maux se répandirent sur la terre, sauf *elpis*, l'attente, l'espérance, ou l'ignorance des malheurs à venir.

25 *Clypeum*, bouclier ovale en métal, couvrant tout le corps du cou au mollet.

26 *Silentium*, le silence, le repos, l'inaction ou l'oisiveté.

27 *Speculum*, miroir, ou reproduction fidèle, image.

28 FRÉDÉRIC I BARBEROUSSE (1122-1190), élu roi des Romains en 1152, couronné empereur à Rome en 1155, il refusa de se reconnaître vassal du pape, il agrandit le domaine d'influence des HOHENSTAUFEN (famille souabe). Mort au cours de la 3e croisade, il deviendra dès le XVIe siècle la figure mythique de l'Empereur endormi destiné à réapparaître avec son armée pour réaliser les espérances populaires et nationales.

29 Ces pierres précieuses pourraient décorer le pommeau des épées, mais peut-être s'agit-il d'une référence aux armes aztèques découvertes par CORTÈS et les conquérants espagnols, d'armes, poignards sacrificiels et épées capables de décapiter un cheval, selon une chronique de l'époque, constituées en obsidienne, verre d'origine volcanique formant des armes très tranchantes, mais très lourdes et très fragiles.

[30] Charles de Bourgogne, ou Charles le Téméraire (1433-1477), duc de Bourgogne, célèbre pour la lutte acharnée contre Louis XI, dans le but d'unifier et d'agrandir les états de Bourgogne, créant en 1465 la Ligue du Bien Public, soutenu par de Duc de Berry et le duc de Bretagne, avançant jusqu'aux abords de Paris. Il annexa à ses états la principauté de Liège, la Haute Alsace et des places lorraines, mais il fut vaincu par les suisses et tué sous les murs de Nancy. Mais à sa mort, en 1477, la Bourgogne, l'Artois et la Picardie revinrent à la couronne de France. Le but ultime des ducs de Bourgogne était de réaliser un état monarchique axé sur le Rhin et ses affluents, poursuivirent pendant quatre générations une politique d'agrandissement du territoire par la conquête : il fut rendu vain par la mort de Charles. Il permit cependant, autour du comté des Flandres, la fondation de la Belgique, et fit de Bruxelles l'une des capitales importantes de l'Europe, et d'Anvers une importante cité commerciale.

[31] Baudouin fut le nom de neuf comtes de Flandre, parmi lesquels Baudouin V (v. 1012-1067), régent de France pendant la minorité de Philippe I, et Baudouin XI (1171-1205), empereur latin de Constantinople sous le nom de Baudouin I.

[32] Merlin, enchanteur et sage de la légende arthurienne, lié aux personnages de la mythologie celtique, apparaît dans la légende comme un personnage fascinant, énigmatique, de statut changeant, amoureux de la fée Viviane.

[33] *Danheusero*, selon l'exemplaire de la Bibliothèque Nationale de France, ou *Danh usero* selon celui conservé à Stuttgart. Il ne nous a pas été possible de déchiffrer le sens de ces mots. Selon l'*Enciclopedia Universal Illustrada*, Espaso-Calpe, Madrid, 1929, il pourrait s'agir d'un village de Bavière, mais il n'est pas retrouvé dans Brockhaus Enzyklopädie. S'agirait-il d'un danois ou d'un Scythe ?

[34] Il s'agit d'un anachronisme, un mot français et rare, « centon », désigne un poème dont les vers ou des fragments de vers venaient d'emprunt à des auteurs divers ; ce qui correspond au mot latin *cento*, pièce d'étoffe rapiécée, dont Michel SERRES fait un « manteau d'Arlequin ».

[35] CATON l'Ancien (234-149 av. J.C.) avait été remarqué pour ses moeurs sévères. Après avoir été questeur en Sicile, puis consul, gouverneur d'Espagne, enfin censeur, il s'appliqua avec une sévérité devenue proverbiale à réformer les moeurs relâchées de la noblesse romaine. Le *Dicta Catonis*, recueil de maximes morales, fut un manuel très populaire au Moyen-Âge. Du XVIe au XIXe siècle, les différentes éditions ont faussement appelé l'auteur « Dionysus Cato ».

Son arrière-petit-fils, CATON d'Utique, fut un homme d'une intégrité absolue, professant des principes stoïciens, s'efforçant d'imiter son grand-père.

[36] Le *Millénarisme* sera repris à l'époque de la Réforme par les Anabaptistes, représentés en Allemagne par Thomas MÜNZER, qui se joignit en 1521, à Zwickau, à des paysans révoltés, et qui sera exécuté à Mulhausen, en pays Souabe, en 1525, par Johann BOCKHOLD ou Jean de LEYDE, qui tentera d'établir à Münster une théocratie communiste de 1532 à 1535 et fut exécuté.

[37] AMADIS de GAULE est le héros d'un roman de chevalerie connu dans toute l'Europe au XVIe siècle. Selon toute vraisemblance, la rédaction primitive du roman éponyme appartient au portugais VASCA de LUBEIRA (? –1403), et il se rattache au vaste cycle des romans français de la Table Ronde. Le bon *don Quixote de la Mancha*, de CERVANTES, en avait fait sa lecture favorite. Le public y voyait une histoire idéalisée, et il fut traduit en allemand en 1659. Notons qu'en français, *amadiser*, verbe peu usité, signifiait affecter le langage et les sentiments d'Amadis, et *amadisé* signifiait affecté, prétentieux.

[38] Cicéron (106-43 av. J.C.) fut un célèbre orateur romain, étudia le droit, la philosophie auprès de Philon et du stoïcien Diodote, la rhétorique et les sciences auprès du stoïcien Posidionus. Questeur, puis Sénateur, partisan de Pompée, il fut condamné à l'exil et exproprié de ses biens, il fut rappelé par le peuple. Il fut également l'auteur de nombreux ouvrages philosophiques et littéraires et d'une importante correspondance, et son influence sur la littérature et la pensée fut considérable, mais après sa mort, certains chrétiens virent en lui le symbole d'une culture païenne qu'il fallait rejeter, puis les humanistes de la Renaissance virent en lui l'idéal de l'homme civilisé, brillant, humain, civique.

[39] Aristote ou Aristotlês (384-322 av. J.C.), philosophe membre de l'Académie fondée par Platon, il mena de nombreuses recherches en zoologie jusqu'à sa nomination comme précepteur d'Alexandre. Il s'intéressa alors à la politique et enseigna une philosophie dite « péripatéticienne ». Le Lycée se caractérisa par des recherches très variées, en littérature, sciences et philosophie. On lui attribue près de 400 ouvrages, dont seulement le cinquième nous fut transmis.

Son œuvre comporte des catalogues de faits historiques et scientifiques, des oeuvres philosophiques et scientifiques, en particulier en biologie et en astronomie, mais son influence fut si forte que sa pensée freina le développement ultérieur de ces sciences, et d'importants ouvrages de métaphysique, de sciences de la nature, d'éthique et de politique, de rhétorique et de poétique, enfin de logique, qu'il fonde.

A titre d'exemple du frein causé par sa réputation, citons en 1624 un arrêt de la Sorbonne et du Parlement, qui « fait défense à toute personne de tenir ni enseigner aucune maxime contre les anciens auteurs et, en particulier, contre Aristote à peine de vie » (Louis Rougier, *Une Faillite de la Scolastique*, J.J. Pauvert, 1966).

40 Galien (129-199) , médecin grec dont l'influence est restée sans égale. Il écrivit une œuvre considérable, concernant presque toutes les branches de la maladie et de la santé, la physiologie et l'anatomie, mais aussi de nombreux commentaires sur les ouvrages de Platon, d'Aristote et de Théophraste. Ses écrits constituent le fondement de toutes les oeuvres médicales qui ont suivi, et furent traduits en arabe.

41 Justinien (v. 482-565) , empereur romain de Constantinople depuis 527, il épousa la scandaleuse Théodora ; il s'efforça de supprimer l'hérésie et le paganisme, renforçant les peines contre les sectes hérétiques chrétiennes, les juifs et les païens, de réorganiser le droit romain, réalisant une importante œuvre juridique sous le titre de *Corpus Juris Civilis.* Il ferma en 529 les écoles d'Alexandrie et d'Athènes.

42 Johann Reuchlin (1455-1522) est une humaniste allemand, helléniste et fondateur des études hébraïques en Allemagne. Il affirma l'intérêt du Talmud et de la Kabbale et fut accusé d'hérésie par les dominicains de Köln. Les humanistes allemands prirent sa défense, attaquant la scolastique et l'intolérance de la théologie médiévale. Il appartient au riche et brillant mouvement intellectuel des Lumières du XVIe siècle.

43 Didier Erasme, ou Desiderius Erasmus (v. 1469-1536) , humaniste hollandais d'expression latine, ordonné prêtre en 1492, obtiendra du pape Jules II une dispense de ses voeux ; il rencontre en Angleterre, en 1499, Thomas More, chez lequel il rédige *l'Eloge de la Folie.* Il jette les bases d'une nouvelle théologie fondée sur le recours au texte grec plutôt que sur la Vulgate de Saint Jérôme, et refuse de prendre parti au début de la Réforme, moquant également les prétentions des protestants et l'arrogance des catholiques. Il se refuse à devenir l'allié de Luther, son *Traité du Libre arbitre*, en 1524, marquant la rupture entre les deux hommes. Il séjourne

particulièrement à Bâle, où catholiques et réformés vivent en relativement bonne entente, ce qui convient à cet esprit tolérant, dont le spiritualisme chrétien, doublé d'un goût remarquable pour la connaissance, en fait l'une des figures les plus remarquables de la Renaissance.

44 Il pourrait s'agir soit de Leipzig, où la Réforme fut introduite à partir de 1539, soit de *Lipsa*, ou *Lipcse*, dont le nom correspond à un village de Hongrie, en allemand *Liptsch*. Le choix de ce village lointain et très obscur pourrait souligner l'amplitude des investigations menées à la recherche des rosicruciens.

45 Fez, ou Fès, apparaît dans la *Fama Fraternitatis* : s'écartant de son projet initial de visiter Jérusalem, C. R. rejoint Fez. Selon certaines traditions, ce serait une ville d'alchimistes. Mais ces traditions n'auraient-elles pas précisément pour origine la nomination de cette ville dans le texte anonyme de la *Fama* ? Rappelons que l'un des alchimistes les plus célèbres fut JABIR IBN HAYYAN, chiite né sur l'Euphrate, auquel fut attribué une importante collection encyclopédique se poursuivant au IXe siècle, après sa mort ; il est plus connu en Occident sous le nom de « GEBER ». Fez était la capitale du Maroc, mais si l'Islam conquit la rive sud de la Méditerranée et de l'Espagne, c'est plutôt en Espagne et à Alexandrie que se formèrent les foyers culturels les plus influents.

46 Damcar, ou Damear, fut aussi l'une des villes citées dans la *Fama Fraternitatis* comme l'un des lieux visités par C.R. Mais on voit mal où se situe cette ville mystérieuse, comme on voit mal le trajet suivi par C. R. : s'agit-il du Golfe Arabique, de la Mer Rouge ? Quel golfe doit-on franchir pour rejoindre Jérusalem, but initial, ou Damcar, ville à partir de laquelle C. R. veut visiter Jérusalem, ou l'Egypte ?

47 Dans la mythologie grecque et romaine, fils d'ANCHISE et d'APHRODITE, l'un des chefs troyens de la guerre de Troie, héros

de l'épopée latine de Virgile, l'*Enéide*. Rome entretint la légende d'un ENÉE fondateur des romains, reliant ainsi son histoire à l'histoire grecque. ENÉE est dépeint par VIRGILE comme « le pieux », obéissant à la volonté des dieux.

48 Valentin WEIGEL (1533-1588) est l'une des cibles les plus fréquentes des vigoureuses attaques d'ANDREÄ. Ce pasteur étudia à Leipzig la Théologie, la Philosophie et les Sciences naturelles. Influencé par LUTHER et ERASME, disciple de PARACELSE, il cherche à actualiser l'enseignement de la Réforme ; il pensait que l'étincelle divine se développait dans l'âme humaine et que l'illumination établissait au-dessus de toutes les frontières confessionnelles la véritable Eglise.

49 Le vieil avare dans l'*Aululaire*, comédie de PLAUTE dont MOLIÈRE s'est inspiré pour l'*Avare*.

50 MARCUS LICIUNIS CRASSUS (115-53 av. J.-C.), lieutenant de CÉSAR, puis triumvir, fit fortune grâce aux proscriptions qui, sous SCYLLA, puis sous le triumvir d'ANTOINE, LÉPIDE et OCTAVE permettaient de confisquer et de mettre aux enchères les biens des proscrits. Il acquit ainsi une fortune considérable qu'il accrut encore en Syrie, où il trouva la mort.

51 CRÉSUS (v. 560-546 av. J.C.) possédait une richesse devenue proverbiale.

52 CHRYSIS, ou CHRYSÉIS, fille de CHRYSÈS, prêtre d'APOLLON, fut, dans l'*Iliade*, donnée en cadeau à Agamemnon, qui en fit sa concubine et refusa l'importante rançon qui lui fut offerte.

53 Le « spermologue », du gr. σπερμο–λογοζ, littéralement « celui qui ramasse des graines », ou par allégorie le « perroquet », homme bavard, frivole, qui picore et colporte toutes les bribes d'information.

54 Le « matéologue », du gr. ματοσ, (et non de μαθοζ, racine qui évoquerait les mathématiques, la connaissance, la science) .

Dans μαтη, chose vaine, sottise, folie, égarement, dans μαтυω, chercher, rechercher, et dans μαтην, en vain, inutilement, on retrouve la notion d'inutilité qui fait du « matéologue » un spécialiste en choses vaines.

[55] ORIGÈNE (185-254), successeur de CLÉMENT à la tête de l'école catéchistique chrétienne d'Alexandrie, premier grand savant parmi les premiers Pères de l'Eglise, il fut un pionnier dans la critique textuelle de la Bible, célèbre en particulier pour une édition de l'Ancien Testament comportant six colonnes plaçant en regard les textes hébreu et grec, le texte hébreu en lettres grecques, la Septante, une révision de la Septante, et deux autres traductions grecques. Malgré l'importance des textes perdus, nous connaissons ses *Premiers Principes* et un traité d'apologétique chrétienne. Il eut une influence considérable, mais ses spéculations furent souvent considérées comme hérétiques et condamnées par l'Eglise.

[56] *Mammon*, terme araméen signifiant *richesse*, est souvent cité dans la littérature juive dans un sens péjoratif. On le trouve dans les Evangiles dans le même sens, où il personnifie l'argent qui gouverne le monde.

Table des Matières